大学が壊す若者の未来

学生の権利のため大学と戦った龍谷大教授の仰天裁判闘争記

龍谷大学名誉教授
李 洙任

宗教問題

はじめに

神社全体で数千の鳥居が連なる迷宮のような景観により、京都でも有数の観光名所となっている伏見稲荷大社のことは、京都を訪れたことがなくても知っている人が多いだろう。この伏見稲荷大社と地名を同じくする京都市伏見区深草の、稲荷大社正面鳥居から15分ほど歩いたところに、関西を代表する私立大学の一つにして、浄土真宗本願寺派の宗門校でもある龍谷大学の本部キャンパスがある。俗に「関関同立」「産近甲龍」などと言われ、関西大学、関西学院大学、同志社大学、立命館大学の４大学が関西における私学の最難関で、「産近甲龍」、つまり京都産業大学、近畿大学、甲南大学、そして龍谷大学は、それに次ぐ準難関グループとされている。

私は、この龍谷大学の教員だった。１９９６年４月に経営学部の助教授として採用されたのち教授に就任し、通算で25年、教鞭を執ってきた。２０２１年に定年退職し、現在は名誉教授という称号で籍を残しているが、私が定年を迎える約５年前の16年ごろから、学年全体の約５分の１の学生が、ゼミの受講を望んでいながら大学側の不作為によってゼミに入れないまま卒業を強いられる問題が発生。「龍谷大学未ゼミ生問題」として、ＮＨＫや地元紙・京都新聞、朝日新聞、読売新聞、産経新聞など、多数のメディアで報道された。そして私はこの騒動において、未ゼミ生となってしまった学生たちの救済のため奔走した結果、最終的に大学を相手取った裁判の原告として戦うことになった。

裁判は長期化し、最高裁まで争ったが、提訴から4年5カ月後の2024年6月14日付で最高裁により上告が棄却され、私の敗訴が確定した。本書は、この騒動の始まりから現在に至るまでの約7年間の経過を、一方の当事者の視点から記録したものである。そして学生たちにとっての不幸であると同時に、大学にとっても不名誉としかいいようのないこの問題がなぜ起きてしまったのか、その事情を組織の内側を知る立場から解説したものである。

この「未ゼミ生問題」については多くのメディアが報じてくれたものの、これが起きた核心的な理由にまで言及される機会は、あまりなかった。そのため、この問題がどうして起きたのかについては今でもよくわからず、不思議に思っている人が多いと聞く。本書ではその部分について、大学という閉ざされた空間の人間関係、さらに浄土真宗本願寺派の宗門校という属性も影響しての、龍谷大学特有の体質についても触れることで説明したい。詳しくは本章部分の内容を読んでいただきたいが、龍谷大学において学生たちの真摯な声があがったにもかかわらず、未ゼミ生問題が解決されなかった要因の一つには、いわゆる「大学の自治」をめぐる解釈の問題があった。この「大学の自治」とは何なのかを、本書を通じてあらためて問いたい。大学の自治とは、大学が政治権力や巨大資本からの介入を受けることなく、研究・教育機関としての本分をまっとうするために、大学の運営をそのステークホルダーたちが自ら行うことを尊重し、また保障しようとする考え方である。これ自体は非常に重要であり、尊重されるべき考え方だが、そのステークホルダーには、当然ながら学生も含まれる。

龍谷大学において本来の意味での自治が尊重されていれば、学生たちの学ぶ権利が侵害されるようなことは起きなかったはずだ。しかし、現実にはこの「自治」を大義名分と掲げることで、大学当局が学生の権利を侵害するかのような事態になってしまった。本書で私は大学の自治というものの本来の意味を問い直すことで、学生たちの学びの機会が理不尽に奪われるようなことが起きないようにしたいのである。

以下、本書の各章の内容を簡単に紹介しておく。

第1章は、龍谷大学の未ゼミ生問題がいかにして発生し、なぜ私が大学を相手取って裁判を起こさなければいけなくなったのかについて、多くの学生を救済できなかった私自身の反省の思いも込めつつ、その経緯をまとめたものである。事件の最大の被害者である学生たちの証言も本章でなるべく多く取り上げたので、ぜひ熟読してほしい。

第2章では、龍谷大学が以前から内包しており、結果的に未ゼミ生問題が発生する遠因となったハラスメント体質について、私が知る限りの事実と、過去の報道などを踏まえて論じたものである。記述の都合上、私のこれまでの経歴についてもこの章のなかで紹介させてもらっている。

第3章は、やはり未ゼミ生問題の少なくとも遠因の一つであると考えられる、浄土真宗本願寺派の宗門校であるという龍谷大学の属性と校風、そして同大学で重要な地位に就いている僧侶たちが、この問題にどのように関わっていたのか、あるいは関わっていなかったのかを述べている。

最後の第4章では、先に述べた大学の自治の問題を中心に、これからあるべき大学の姿について私の考えを述べさせてもらっている。この章で述べるように、近年日本の大学では多くの不祥事が立て続けに起きており、良心的な大学人たちは、アカデミズムの外の世界で暮らす人々が想像しがたいほどに深刻な閉塞感・絶望感を抱えている。私が本書を出版することで、これからの大学が、少しでも風通しのいい、呼吸しやすい空間になることを願っている。

なお、本書執筆にあたり学長および学部長、裁判所に提出した陳述書と意見書の執筆者たち（現職の1人を除く）は実名としたが、学生たちを含むそのほかの関係者たちは、原則として仮名にした。

大学が壊す若者の未来　目次

第1章　龍谷大学「未ゼミ生」問題

「ゼミの意義」をうたっておきながら

本章では、龍谷大学の教授だった私が、その勤務先である龍谷大学と裁判で争うことになった原因であるとともに、本書執筆の直接の動機にもなった、同大の「未ゼミ生問題」について述べたい。しかし、本題に入る前に、まず龍谷大学経営学部で行われているゼミ教育の仕組みについて、解説が必要だろう。

龍谷大経営学部では、少人数教育を4年を通じて行うことになっていて、その演習科目は4年間で「フレッシャーズゼミ」「基礎演習」「演習」（専攻演習）の3つが設定されている。新入生は入学後すぐに全員が、あらかじめクラス分けされている「フレッシャーズゼミ」に所属し、ここで経営学の基礎的な事柄のほか、レポートの書き方やディスカッションの仕方について、半年間学ぶ。

また、龍谷大学では1年を4月から9月末までの前期と、10月から3月末までの後期に分けるセメスター制を採用しており、学部生の4年間は8つのセメスター（学期）で区切られている。1年生がフレッシャーズゼミを受講する前期の半年間は、第1セメスターとなる。

このフレッシャーズゼミを修了した学生は、自分で興味のあるテーマを選び、グループワークやプレゼンテーション形式の学習で、課題を発見する力や解決する能力を培っていくことを目指す、「基礎演習」のクラスに進む。ここで1年後期から2年前期までの1年間（第2～3セメスター）、学ぶことになる。

「基礎演習」科目にはそれぞれ定員があるため、必ずしも希望どおりに所属できるわけではなく、学生たちは企業の就職活動のように、自分が行きたい科目に複数エントリーし、志望理由書の提出、教員による面接などの選考を経て、教員が内定を出す。複数の内定をもらえた場合は、学生がその中から行きたいゼミを選択して、最終的に所属を決定する。ただし、基礎演習に関してはすべての学生がゼミを受講できるよう配慮され、フレッシャーズゼミと同様の「25」という開講数が維持されてきた。

また、基礎演習では担当する教員に対しても、指導が可能かどうかを問う調査票が事前に配布される。すでに多くの仕事を抱えている教員や、サバティカル（講義や学生指導などを離れ、研究に専念する目的で与えられる長期休暇）に入っている教員以外は、教養科目教員であれ専攻科目教員であれ、学部の重要なゼミ指導には全員が関わることになっている。本来は「演習」と名の付くすべての講義が、このような方針のもとで行われるべきなのだが、後に詳しく述べる「専攻演習」では、この方針がないがしろにされていた。

私は龍谷大学在職中、英語などの教養科目のほかに、専攻科目である「上級英語」「ビジネスコミュニケーション」のクラスのほか、フレッシャーズゼミと基礎演習を担当していた。基礎演習ではダイバーシティ・マネジメント、つまり企業経営において多様な価値観を重んじ、障がいのある人のほか、女性やLGBTQなどの性的マイノリティ、移民など外国籍住民をはじめとする社会的弱者に配慮する意義、および配慮しないことにより企業側が負うことになるリスク、そして、そうした多様性を重視する経営が社会において実践されるためには何が必要なのか、などについて、学生たちとともに研究してきた。

しかし、龍谷大学において通常「ゼミ」といえば、2年後期から始まり、卒業までの2年半という長期にわたって行われる「演習（専攻演習）」を指す。本書においても、特に断りなく「ゼミ」と記している場合は、この専攻演習を指す。

経営学部で行われているゼミの内容は、大きくは「経営コース」「会計コース」「学部共通コース」という3つのコースに分かれており、このうち「経営コース」は企業やNPO、NGOでリーダーを目指す人向けの「組織をリードするモデル」、経営戦略や起業を目指す人向けの「市場と情報を活用するモデル」、世界で活躍する国際人になることを目指す人向けの「世界へ羽ばたくモデル」という3つのモデルに分かれて、ゼミが構成されている。「会計コース」は、公認会計士や税理士を目指す人や、就職後にそれぞれの企業で財務・経理担当者として働きたい人向けのコースである。最後の「学部共通コース」は、学部生が学部の枠を超えて学ぶコースであり、留学を視野に入れた「国際関係コース」、英語で授業が行われる「英語コミュニケーションコース」、スポーツ科学に特化した「スポーツサイエンスコース」、さらに環境にかかわる問題に対処する知識を総合的に学ぶ「環境サイエンスコース」がある。私も過去には国際関係コースのゼミを担当し、海外で活躍できる人材の育成に力を注いでいた。

これらのゼミは必修ではなく、履修しなくても卒業はできる。しかし、フレッシャーズゼミから始まる龍谷大学経営学部の少人数教育の到達点として、教育上の重要な位置づけを与えられている。学部執行部も各種の広報資料で、ゼミの意義や重要性を繰り返し強調してきた。たとえば、２０２２年度の入学生用「履修要項」には次のように書かれている（傍点筆者）。

「演習科目」は必修科目ではありませんが、最も大学らしい授業形態ですし、ゼミに所属しなければ「演習論文」を執筆できません。履修することを積極的に奨励しています。また、２０１６年度からは、「演習」全体が持つ共通コンセプトとして、「社会において要求される能力」が今まで以上に押し出されます。企業側が数十年に渡って大学側に求めている能力で、最近では「社会人基礎力」と一般的に言われているものです。共通コンセプトですから、どのゼミに行っても、各教員は上記のことをある程度は意識しています。

それに加えて大学当局は、そもそもまだ入学していない受験生に対しても、龍谷大で学ぶうえでの最大のメリットのひとつとして、ゼミの存在をアピールしてきた。要は、「売り物にしてきた」ということである。

経営学部の公式ホームページには、後に詳しく述べる「未ゼミ生問題」、すなわちゼミの受講を希望しながら受講できない学生が大量に発生した問題が出てきた、２０１６年ごろから24年11月現在に至るまで、変わらず「少人数のゼミを中心としたカリキュラムで、あなたの夢の実現をサポート」と題して、次のように書かれていた（傍点筆者）。

経営学部はゼミ教育が充実しています。ゼミでは、毎週、皆さんが、興味や関心を持っている様々なテーマに関連する書籍を読み、それをまとめて他のゼミ生の前で発表し、討議をします。つまり、ゼミでは、様々な考えを持つ人たちに対して自分の考えを発表し、討議するプロセスを通じて、今、社会が求める論理的に物事を考える力やプレゼンテーション能力を身に付けられます。

さらに、ゼミでは少人数制の利点を最大限活かし、学友を作るだけではなく、教員と皆さんの密接な関係が築けます。経営学・会計学をどう勉強すればよいか、将来の夢を実現するために何を学べばよいかを迷った時には、いつでもゼミの担当教員が皆さんの相談にのります。

ゼミで学ぶ意義が大きいことは、私から見ても間違いない。教員が一方的に話し、学生はそれを聴く関係にどうしても終始しがちな一般講義と異なり、専攻演習は特定のテーマに関して学生と教員がともに議論することを通じ、あるいは卒業レポートの作成とその指導を通じて、学生が大学において獲得するべき知的能力、すなわち既存の価値観を相対化する力や論理的思考力、創造性、他者に物事を伝達する力や表現力などを獲得する重要な機会である。

こうした訓練はもちろん基礎演習の1年間を通じても行われているものではあるが、教員が伝えられる情報量や学生が取り組むことになる課題のバリエーションの豊富さは、2年半という長い時間をかけられる専攻演習と比べればどうしても劣る。良質な専攻演習を通じて得られる知性の「基礎体力」は、卒業後にどのような進路に進んだとしても役立つものだろう。

また、ゼミで一緒に学んだ仲間や指導教員との関係は一生涯の財産になりうるのも、大学広報の言うとおりである。第2章で詳しく述べるが、私自身もそうした貴重な関係性を、学部生時代にゼミで築くことができた。

さらに、一般にゼミを受けていないからといって就職活動で不利な取り扱いを受けることはないと言われているが、そうは言っても、採用面接では面接官から必ずゼミについても質問される。「ゼミに力を入れている」ことになっている龍谷大学でゼミを受けなかったといえば、面接官によっては不審に思う人もいるかもしれないし、学生の側も「ゼミに入れなかった」ということが、面接を受けるに際して余計な気後れを生む材料になりかねない。以上のような学生たちが直面するであろう困難については、私は教員であれば予想できて当たり前ではないかと思っていた。

このように、学生にとってはさまざまな意味で重要な存在であるゼミが、龍谷大学経営学部では、2013年ごろから教員たちの定年退職が相次いだ結果、開かれる数そのものがめっきり減ってしまったのだ。これが、龍谷大学経営学部に多くの未ゼミ生が発生するようになった端緒である。

もちろん、退職者が出ても代わりを務められる人員が補充採用されれば、ゼミは開講できる。

しかし、そうはならなかったのだ。龍谷大学では、学校教育法の規定にもとづいて学部ごとに教授会が設置されており、人事に関する事項を審議し、決定する権限はこの教授会に持たされている。この教授会が、未ゼミ生問題に対して最初から無為無策であったのかといえば、実はそうではない。たとえば2012年には教授会において、三谷進教授を委員長とする「新カリキュラム検討委員会」が組織され、同委員会が同3月14日に当時の重本直利学部長に提出した答申には、専攻演習での未ゼミ生が増えている現状についてもすでに言及されていた。そして答申は、演習科目（ゼミ）を通じた対話的な教育手法の重要性や、ゼミナールのあり方を追求することで、学生の「質保証」が行われる可能性を指摘し、そのためには、講義科目で専門性を担保しながら、実社会で具体的に活かすことのできる力を身につけさせるために、教養教育と専門教育が一体となって、個々の学生の基礎的な能力を高めていくことが必要である、とも提案していた。

実にまっとうな考え方を示すとともに、未ゼミ生が多く生まれつつあることに早期に警鐘を鳴らす内容の答申であった。しかし、答申提出から1カ月後の4月1日に学部長が重本教授から野間圭介教授に交代すると、答申で示された方針は野間体制ではことごとく蔑ろにされていった。野間学部長は、「新しいカリキュラムができあがるまでは、人事は行うべきでない」という理由を表向き掲げ、このため人事権は行使されず、新規の教員採用が極端に抑制されてしまったのである。

そして、この方針は2015年4月に選出された鈴木学学部長も踏襲し、17年4月には野間教授が再び学部長に選出され、野間・鈴木体制が19年3月までの6年間続いたことで固定化した。審議の過程では、私を含む何人かの教員がこの方針に反対し、「積極的に教員採用を進めるべきだ」という意見も根強く出された。しかし、そのたびに野間・鈴木両学部長時代に「教務主任」という役職で両学部長の教授会運営を補佐した谷よしと教授（仮名）は、「カリキュラム改革」を口実に人員補充の提案を却下してきた。この長きにおける人事の凍結が、多くの未ゼミ生を生んだ最大の原因である。

教員の絶対数が年々減っていった結果、２０１０年度まで毎年25開かれていたゼミは、16年度には17しか開講されなかった。これにより、16年当時５２２人いた２年生のうち、22・４％にあたる１１７人が、ゼミを受講できなくなった。およそ５人に１人の割合で「未ゼミ生」が生まれてしまったのである。

２０１０年度に25あったゼミが、11年度に23、12年度に23（この年度は２人の教員が２つずつゼミを担当。後で詳述）、13年度に26、14年度に22、15年度に21、16年度に17、17年度に18（この年度も２人の教員が２つずつゼミを担当）と、右肩下がりで減少した。

そして教員不足により、１人で２つのゼミを担当するという状況も起こり始めた。ゼミの担当教員は通常、ゼミ生たちの卒業論文の指導も行うが、２つのゼミを担当していた教員の１人が担当したゼミでは、ゼミ生９人の卒論の表題がすべて同じ、ということも起きていた。つまりこのゼミでは、卒論指導などはできていない可能性が高かったのである。

私は、2つのゼミをかけ持ちで担当していた教員に対し、同一の表題をもつ9人の学生の論文の実物なりコピーを閲覧させてほしいと申し出たが、その際の返答はあろうことか、「破棄した」というものだった。こうなるともはや、「教育の質的保証」を云々する以前の問題であろう。

また、広報であれほど少人数教育を誇りにしていながら、現実にはゼミの絶対数が不足しているせいで、30人を超えるゼミも存在していた。ふつう「少人数」と称して許される学生数は、せいぜい20人までだろう。

龍谷大学の2023年4月の卒業生は、経済学部が499人、経営学部は454人、法学部が389人だが、それぞれの学部のゼミの数は法学部の28、経済学部の23に対して、経営学部は20だった。そして、このうち経営学部だけが4人の教員が2つのゼミを担当していた。つまりゼミの講座数は20でも、ゼミを担当している教員の実質数は16人ということである。同じ龍谷大でも、ほかの学部ではこんなことはありえない。少人数教育を高らかにうたっておきながら、実際は一人ひとりの学生に目が行き届いていないのは、ここからも明らかなのである。

問題は財政ではない

ここまで読んで、龍谷大学経営学部で定年退職者の人員補充が遅々と進まず、結果的に未ゼミ生問題が放置され続けていることについて、この理由が大学の財政逼迫に起因しているのではないか、と想像した人もいるかもしれない。しかし、幸いにも（と言っていいのか）龍谷大学は経営難ではまったくない。

学校法人龍谷大学の２０２２年度の貸借対照表から計算すると、同法人の自己資本比率は90・2％にもなる。財政逼迫どころか、莫大な内部留保によって担保される、「優良経営」大学であるとさえ言える。また龍谷大学においては、各学部に在籍する学生の年度ごとの学費収入に応じて、それぞれの学部の教員人件費も割り当てられるのだが、その点で考えても、経営学部の人件費には相当の余裕があった。

学費収入に対する人件費の枠は10ポイント程度（つまり教員10人分）、あまっていた。これは他学部と比べても飛びぬけて高い数値であり、人員削減どころか、すぐに10人増員するほうが妥当というべき状況であった。ではなぜ採用を見送ったか。その本当の理由については、おいおい説明していくことにしよう。

いずれにしても、龍谷大学経営学部で多く出てしまった「未ゼミ生」とは、単に人気ゼミに殺到し、担当教員に選抜されなかっただけの学生たちではないし、あるいは当初からゼミに入る気がなかった学生たちのことでもない。ゼミで学ぶ機会を強く希望していたにもかかわらず、大学が適切に対応をしなかったため、その機会を奪われた学生たちなのだ。このことは何度でも強調しておきたい。

そうした彼ら、彼女たちがゼミに入れなかったことにより受けた失望感は、大学および学部側がパンフレットやホームページでゼミの意義を高らかにうたい上げていただけに、大きかった。企業が自社の商品やサービスについて広告・宣伝をするにあたり、その品質や価格について実際よりも著しく優良（価格については実際よりも安価）であるかのように見せかけることは「景品表示法」という法律により禁止されている。商品やサービスの品質を実際より優良・消費者有利と誤解させる「優良誤認表示」や「有利誤認表示」などの不当表示については、仮に事業者側に消費者をだます意図がなかったとしても、景品表示法に基づいて消費者庁から措置命令が出されることがある。たとえば、二酸化塩素の作用により、商品を置いたり、噴霧したりするだけで「空間除菌」ができると表示していた大阪府の大手製薬会社の商品については、消費者庁は2023年3月11日、この商品の表示にはそうした効果を裏付ける合理的な根拠がなく、景品表示法違反の「優良誤認表示」にあたるとして、製薬会社に対し史上最高額となる6億744万円の課徴金納付を命じている。受験生向けのパンフレットで、ゼミを通じて彼らの「夢をサポートする」とうたった龍谷大学の広報は、入学後にゼミを受ける権利を保証するかのように誤解させかねないところが濃厚にあり、その意味で景品表示法違反となる、「有利誤認表示」に該当するおそれさえあるものだった。だからこそ入学後、理不尽にも未ゼミ生という立場に甘んじなければいけなくなった学生たちは、行き場のない不満や怒りを必然的に抱えこんでしまっていた。

株式会社イトクロが運営する大学情報のポータルサイト「みんなの大学情報」の龍谷大学の欄に2017年7月10日付で書き込まれていた投稿は、そうした無数の声の一つだったのかもしれない。16年に龍谷大に入学したという学生によるこの書き込みは、「施設とゼミの不足が問題」と題され、龍谷大学経営学部の学部評価を5点満点中2点と低く評価している。そしてその上で詳細の欄には、「ホームページの『経営学部は少人数制のゼミが充実しており』という記載がありますが、デタラメです。……みんな未ゼミ生になりたくないがために、志望理由書を頭の良い人に書いてもらったり、ゴーストライターを雇って書いてもらったりしています」と、内情暴露的なことも書いている。

インターネット上でなされたこの匿名投稿が、本当に龍谷大学の学生によるものと立証する術はないが、仮に真実であるとすれば、この時点では、学生たちが学内で声を上げたくともその手段が思いつかなかったゆえに、このようにネットにぶつけるしかなかったのだろう。

私は先にも述べたとおり、1年生後期から2年生前期までの基礎演習を担当しており、この基礎演習はアドバイザリークラス、つまり1年次、2年次の学生たちが大学における学修生活の相談相手となる担任が置かれているクラスにも設定されていた。それゆえに私は、自分が受け持っている基礎演習のクラスで彼らの悩み相談に乗ることも往々にしてあり、したがって未ゼミ生の立場を強いられた学生たちの挫折感、絶望感を直接目の当たりにすることになった。

先ほども少し説明したが、基礎演習で学ぶ学生たちは、2年に進級するころにはそれぞれに進みたいゼミ（専攻演習）を検討し、5月に入ると希望するゼミに複数エントリーし、内定を得て所属先を決めることになっている。希望者はまずゼミを受け持つ教授の説明会に参加し、志望理由書を提出、そして書類選考を通過した者が教授の面接を受け、合格者は晴れてゼミ生となれる、という流れだ。最初のエントリーで志望するゼミに入れなかった学生は2次募集に応募し、定員にまだ余裕のあるゼミにエントリーし直すこともあるが、この2次募集でも落とされてしまうと、もはやゼミに入ることはできない。２０１６年度は2年生全体の5分の1が選考から漏れてしまっただけに、私の基礎演習クラスにも苦戦する学生が少なくなかった。私はよく授業終了後、彼らの相談に乗り、励ましていた。しかし1次募集に落ち、さらに2次募集でも失敗した学生となると落胆の度合いは深刻で、彼らは「自分は負け組だ」という挫折感を背負わされていた。

私との相談中、悔しさをこらえきれなくなり号泣してしまった女子学生や、不安のせいで身体の一部が自分の意志とは関係なしに動いてしまう、チック症の症状を発症する男子学生もいた。学生たちから私のもとに届くＬＩＮＥメッセージの中には、自殺念慮に駆られていることを示唆するものもあった。

「たかがゼミ」と思うかもしれないが、そのゼミに期待して、数ある大学の中から龍谷大を選んだ学生も実際にいたのである。大学に行けば得られると思っていた学びの機会を奪われたことは、本人たちにとって重大な挫折であり、卒業後も精神的な後遺症が残ることを心配しなければいけなくなるほどに落ち込んでいた学生もいた。そのため相談を受けている私自身も、彼らを心配する気持ちのあまり、眠れない日が増えていった。

先ほども述べたように、私が受け持っていた基礎演習（1年生後期から2年生前期まで）では、ダイバーシティ・マネジメント（多様性重視の経営）をテーマとしていた。この分野をさらに深く学ぶことができる専攻演習を私自身が持っているか、そうでなくとも分野的に重なるような演習をほかの教授が担当してくれているならば、受け入れは容易だったはずだが、残念ながら私は専攻演習（2年生後期から卒業時まで）の担当教員ではなく、私以外の教員がそうしたテーマのもと開講している専攻演習は、ほとんど存在しなかった。

さらに言えば、経営学部がゼミの絶対数を減らしたことで傷を負ったのは、未ゼミ生だけではなかった。運よく選考に合格し、ゼミに入れた学生にしても、それまで親しくしていた友人がゼミに入れなかったのを見れば、心を痛めざるをえない。ゼミをめぐって明暗が分かれたことで、友人関係に微妙な隙間風が吹いてしまった学生もいた。もちろん、学生にもさまざまなタイプがいるので、1次募集で落とされた際は号泣していたのに、自分自身のゼミ内定が決まって以降は、ゼミが決まっていないほかの学生たちに関心を示さなくなる者はいた。しかし、自分たちのゼミが決まった後も、級友たちの嘆きを無視できない学生たちは大勢いたのだ。

また、ゼミに入ることができた学生にしても、自分が受けているゼミでの教育内容に、必ずしも満足していたわけではなかった。先ほども述べたように、経営学部で行われているゼミの内容は、大きくは「経営コース」「会計コース」「学部共通コース」という3つのコースに分かれている。ところが、当時のゼミ構成を見ると、公認会計士や税理士を目指す人向けの会計コースに分類されるゼミは豊富に開かれていた一方で、経営コース、つまり経営方式の国際比較や、社会と企業の関わりを経営学を通じて問いたいといった問題意識を持つ学生のためのコースは目に見えて減ってしまっているなど、あまりに偏った構成となっていた。たとえば2017年は18のゼミが開講されたのだが、そのうち5人の教員が会計コースのゼミを開講する一方、多くの学生が選んだ経営コースの「市場と情報を活用するモデル」では、マーケティングについて学べるゼミは1つだけだった。このゼミは、大学側の広報で経営学部の魅力的なゼミのひとつとして紹介されていたので、約150人もの学生が応募したのだが、1つしかないゼミにこれほどの人数が殺到しても、一部の学生しか入れない。学生のニーズと提供されるゼミの選択肢の数・種類との間に、あまりに大きなギャップがあった。

また、同じく「経営コース」に属し、私の専門分野とも大いに関係のある「世界に飛び立つモデル」に関しても、このモデルのゼミを開講している教員は2人しかいなかった（だからこそ私は、自分がゼミを担当することで学生のニーズの少なくとも一部は叶えられると考えたのである）。このように、ゼミの選択肢から多様性が欠如していたせいで、本来は経営コースに進みたかったにもかかわらず、単位や就活のために妥協したゼミ選びを余儀なくされている学生も多かったのである。見方によっては、学生の興味・関心が多様化しているにもかかわらず、教員が専門分野を押し付けることで、学生たちの可能性を狭めている構図であったとも言える。

こうした状況を見かねて私は、2016年4月28日を手始めに、専攻演習を担当させてほしいと申し出る「申請書」を学部長に4度提出することになるのだが、教授会での実質的な審議さえされることなく黙殺され、やがてやむをえず、大学との裁判を闘うことになるのである。

学生たちの英断と署名活動

誇らしいことに龍谷大学の学生は、自分たちの「学ぶ権利」が理不尽にも侵害されている状況について、泣き寝入りしようとはしなかった。未ゼミ生問題を自分たちの力で打開しようとする学生有志の会が立ち上がり、専攻演習＝ゼミの数それ自体の少なさに加えて、多様性が担保されていない現状を解消するための運動を開始したのである。

学生有志の会を結成したのは、市川ゆかりさん、土屋さとみさん、服部ゆりこさんという3人の女子学生、そして東てるひこさん（いずれも仮名）という1人の男子学生の、合計4人の、当時の2回生の学生たちだった。そしてこの4人の中でもリーダー的存在として前面に立ったのは、当時19歳だった女子学生・市川さんだった。実は彼女は、自分が希望するゼミにすでに内諾をもらっており、未ゼミ生に陥る心配からは個人的に脱していた。しかし、彼女は級友たちが未ゼミ生の立場に追い込まれ苦しんでいる様子を見て、級友たちのためにも、また自分たちの後に入学してくる後輩たちのためにも、このままにはしておけないと思い、やむにやまれぬ気持ちで立ち上がったのである。

彼女たちはまず、「演習（ゼミ）数の大幅増加」そして「学生の要望に応じた多様性への対応」という2点を基本的要望として掲げ、さらに現状を改善するための個別要望として、①経営学部所属教員による可能な限り多くのゼミの開設②多様性確保の一環として、女性教員が担当するゼミの増加③演習開始後のミスマッチ等の問題へのフォロー、及び対応システムの構築④演習の辞退者数や未ゼミ生に関する実態調査、及びその情報の公開——という4つの要求を掲げた。そして、これに賛同する経営学部生に向けて、署名に参加するよう呼びかけた。

「女性教員が担当するゼミの増加」を要望に入れていたことなどから、学生有志の会がこの時点で私のことを念頭に置いているように思われるかもしれないが、この時点での彼らは、私と何ら連動していたわけではない。「女性教員を増やしてほしい」というのは、彼らが当初から、純粋に希望していたことだったのである。裏を返せば、当時の龍谷大学経営学部では、それくらいゼミの担当教員が男性に偏っていたのである（ちなみに経営学部における女子学生の割合は3割以上である）。

以下、彼らの要望文の全文を掲載したい。

平成29年6月16日

龍谷大学、経営学部学部長野間圭介殿、教授会構成員各位

有志代表　経営学部2回生　市川ゆかり、東てるひこ、土屋さとみ、服部ゆりこ

経営学部演習（ゼミナール）に関する要望書

標記演習につきまして、早急な対応をしていただきたく、下記のとおり、お願い申し上げま

す。

記

（1）基本要望

演習（ゼミナール）数の大幅増加および、学生の要望に応じた多様性への対応。

（2）個別要望

・経営学部所属教員による可能な限り多くのゼミの開設。
・多様性確保の一環として、女性教員が担当するゼミの増加。
・演習開始後のミスマッチ等の問題へのフォロー、及び対応システムの構築。
・演習の辞退者数や未ゼミ生に関する実態調査、及びその情報の公開。

要望の詳細説明

経営学部の学生が4セメスターより登録する演習（以下ゼミ）の、学生数に対する絶対数の不足。特定のゼミへの応募が殺到するのに対し、5人に1人が未ゼミ生と呼ばれ、登録をしたものの、辞退していく学生も多い。辞退した学生が、辞退後の時間割に他の科目を履修できないなどフォローに欠けている。また、会計コースに即したゼミ数は比較的多いのに対し、市場と情報を活用するモデルや世界に羽ばたくモデルに対応したゼミの数が少ないため、専門性を深めるという目的を達成できていない。これにより、単位や就活のために妥協したゼミ選びを余儀なくされている学生も多い。これは教員が専門分野を押し付け、多様化する学生の興味関心を狭めているとも捉えられる。また、経営学部は、少人数制の演習を謳っているが、実際に受け入れている人数や活動内容には各ゼミで差があり、合同ゼミに至っては、教員の指導が行き届いていないこともある。学生が学びたいことを学べないことは、学習権の侵害に当たる。後輩の経営学部生のためにも、我々は早急な対策を要望する。現在、経営学部生３１３名、他学部生14名の署名による賛同も得ている。７月３日までに回答書を掲示する、もしくは回答の場を設定し、具体的な解決案を提示するよう求める。

署名は基本的に経営学部の現役学生だけを対象に募ったものでありながら、大学側に要望書を提出した２０１７年６月16日までに、３２７人分（経営学部生３１３人分に加えて、他学部生14人分も含む）も集まった（なお、提出後も署名活動自体は続けられ、最終的に累積の筆数は６００筆を超えた）。そして学生有志の会は、この署名を前記４項目からなる要望書に添えて、入澤崇学長と、当時の野間圭介経営学部長、そして経営学部教授会を構成する教員（ただし退職した教員の補充が行われなかったことで、この時点では少なくなっていた）に提出し、７月３日までに回答書を掲示するか、もしくは回答の場を設定し、具体的な解決案を提示するよう求めた。つまり私自身もまた、学生たちの叫びに近いこの要望書を受け取った一人であったのだ。

私は、市川さんたちの署名運動に非常に大きな感銘を受けた。ゼミに入れた学生と未ゼミ生が個人の利害を超えて団結し、学部全体の危機を解決するために立ち上がった姿を目の当たりにし、彼女たちと同じ一人の学問の徒として、限りない共感、そして尊敬の念を覚えたのである。龍谷大学に限らず、どこの大学にも何かしらの問題はあり、そこで学ぶ学生や保護者の中には、教育体制に不満・疑問を感じる人たちも少なからずいる。しかし、そうした人々が実際に問題を指摘し、大学に要望を突きつけた例は、関東では1970年代、関西でも80年代初頭を最後に長らく下火となっていた。それを龍谷大学の学生たちは、必ずしも自分の直接の利益とはならないにもかかわらず、実行したのである。

そもそも龍谷大学は、浄土真宗本願寺派の宗門校であり、浄土真宗の開祖・親鸞の精神に立ち、「すべての命を大切にする」という言葉を建学の精神に掲げている。私自身は本願寺派の門徒ではなく、それ以前に仏教徒でさえないが、彼女たちの行動はまさにこの実践であり、誇るべき行為と思えた。だから私も文書を受け取ったときから、学生たちを支援する決意を固め、明確に学生の側に立って行動を始めた。そして、彼らへのエールという思いも込めて、7月3日付で回答を書いた。以下はその文面である。

学生有志の皆様

龍谷大学経営学部が抱える深刻な問題に対し、真摯に取り組まれ、改善を要望されるという積極的な行動に対しお礼を申し上げたいと思います。同時に教員として現状を改善することができなかったことに心からお詫び申し上げます。経営学部演習（ゼミナール）に関する要望に関して、経営学部教授会構成員として以下に回答させていただきます。

1．経営学部の現状はご指摘の通り、「学生が学びたいことを学べないことは、学習権の侵害に当たる」というご意見に同意します。経営学部所属教員による可能な限り多くのゼミの開設は現段階でも可能と思います。なぜならそれを阻止する正当な理由がないからです。教養科目担当者は、制度上演習を担当できませんが、例えば私の研究分野である「異文化ビジネスコミュニケーション」は「世界に羽ばたくモデル」に対応するゼミ開設に貢献できると思います。その他の可能性も探っていくべきと思います。

2．複合差別問題―女性差別、教員間に存在する差別構造、これを「複合差別」と呼びます。２０１６年11月の学長選挙立候補者新田光子氏が、龍谷大学の多くの女子職員が非正規職員として雇用されている現状、教養科目担当教員が専攻科目担当教員と同等の教育機会が与えられていない、と選挙演説で述べられています。龍谷大学の全学的な問題として今回のことは取り上げられるべきだと思います。演習を辞めた学生が同じ時間帯に他の授業を履修できないなど、制度上の問題は少なくないと認識しています。

3．前年度の龍谷大学教職員組合団交の場で、経営学部の未ゼミ生問題などの深刻な実情をある組合員が大学執行部に訴えました。その後、大学執行部によって調査が行われたようですが、大学の見解は聞いていません。しかし、学長を筆頭に大学執行部は、5人に1人が未ゼミ生の実態を理解されていると思います。「学部自治」という制度によって大学執行部も改善に向けて動きにくい制度上の問題がありますが、被害を受けるのは学生です。「平等の精神」は龍谷大学の建学の精神であり、「学生の入学から卒業まで」すべての専任教員が教育に携わることは龍谷大学の基本的な教育方針であります。

2017年7月3日

李沫任《リースーイム》

私の回答の主旨は、まず現在のような教育機関としてあるまじき状況を生み出したことを、当事者の一人として率直に謝罪することであった。そして私がゼミを担当することで、少なくとも20人の学生は救済でき、またそのことが同時に学生たちの要望書にもあった、「女性教員のゼミ担当を増やす」に直結すること、そして異文化ビジネスコミュニケーションを研究してきた私が仮にゼミを受け持つのであれば、それは必然的に、開講数が足りず学生たちの不満の種になっている「世界に羽ばたくモデル」に合致するものであると理解してもらうことにあった。ゼミに多様性を求める彼らの願いに、微力ではあるが協力しうる立場にいることを知ってもらい、彼らに希望を持ってもらいたかったのだ。

しかしそれにも関わらず、最初の回答項目「1」で、「教養科目担当者は、制度上演習を担当でき」ないとわざわざ書いたのは、この時点ですでに執行部に対して私に専攻演習を担当させてほしいと申し出ていたのに、まともに審議さえしてもらえず、しかも彼ら執行部のいいかげんな説明により、教養科目教員は専攻演習を持てないという規程のようなものがあるらしいと、私自身も誤解してしまっていたからであった。実際にはそのような規程など存在せず、むしろ専攻科目を担当していれば、通常は対応するゼミが設定されるものであること、そして私と同じ立場の教養科目教員が専攻演習を担当した前例があることを知ったのは、これより後のことだった。

「2」で経営学部の複合差別に言及したのは、学部執行部が私の要望を相手にしようとしない背景に、女性教員や教養科目担当教員に対する差別的な取り扱いがあることを、示唆だけでもしておく必要があると考えたからである。しかし、その時点では教養科目担当教員に対する状況の詳細を学生たちに知らせるべきではないと判断し、それ以上の詳細を書くのは避けた。

学生有志の会から要望書を受け取った約40人弱の教員のうち、指定された期日までに回答書を書いた教員は、私のほかに3人いた。私たち4人の教員は、教務課の課長にこの回答文書を掲示板に掲示するよう願い出た。有志の会が要望書で、7月3日までに回答書を「掲示」するよう求めていた以上、私たちの回答書を学部内の公式な掲示板に掲示してもらえないのでは、教員としての責任を果たしたことにならないからである。しかし、課長からは「掲示板がこのような目的で使用されるべきではない」と言われ、掲示を拒否されてしまった。

経営学部執行部は文書で回答する代わりに、まず署名運動の代表になった学生たちに個別に面談を求めてきた。しかし、学生たちはあくまで公開の場での回答ないしは文書での回答を求めていたため、当然ながらこの求めには応じなかった。すると学部執行部は、自分たちのメンツをつぶされたことへの報復ともとられかねない、あまりに大人げないやり方で、学生有志の会への逆襲を開始した。学生たちが主張する要望内容が「曖昧」であり、「意味不明」であるとして、要望書の内容について逆に問い返す「質問書」を、7月25日に学生代表に送付してきたのである。

しかし、先に示した要望書の内容を読んでもらえばわかるとおり、学生たちの要望には「曖昧」であったり「意味不明」であったりする箇所は、どこにもない。当局が言う「要望の意味が曖昧」という主張に正当性があるか否かを読者にも判断してもらうために、彼らの逆質問の文面をいくつか列挙してみることにしよう。

「演習（ゼミナール）数の大幅増加と言っているが、どの演習を指しているのか」

（「経営学部所属教員による可能な限り多くのゼミの開設」に関連して）「ここでの経営学部所属教員とは，非常勤講師を含んでいると理解して良いですか？」

「絶対的に適正なゼミ数を算出する方法を教えてほしい」

「『会計コースに即したゼミ数は比較的多いのに対し、「市場と情報を活用するモデル」や「世界に羽ばたくモデル」に対応したゼミの数が少ないため、専門性を深めるという目的を達成できていない』とあります。『会計コースに即したゼミ数は比較的多い』と考える理由について教えて下さい」

「『少人数を謳っている演習を履修できないことが学習権の侵害に当たる』と考えられた理由について、もう少し説明をお願いします」

(学生側が掲げていた4つの要望中の2番目「多様性確保の一環として、女性教員が担当するゼミの増加」に対して)「ここでの『多様性』とは、経営学(会計学を含む)という学問の中の『領域の多様性』との理解でよいですか?」

学生が要望するゼミがフレッシャーズゼミでも基礎演習でもなく、専攻演習を意味していることは前後の文脈から自明であり、「経営学部所属教員」とは経営学部のホームページの教員として紹介されている教員に決まっている。またゼミの絶対数が足りない一方で、ゼミの内容が会計コースに偏り、経営コースは志望者が多いにも関わらず受け皿が致命的に少ないことに関しても、シラバスを見れば一目瞭然であり、そもそも学生総数と1つの講座につき20人を定員とするゼミの開講数を比較すれば、学部共通コースの学生数をカウントしても、多くの未ゼミ生が出ることは誰の目にも明白だった。「領域の多様性」云々に関しては、単にこのような用語を持ち出すことで学生代表たちを煙に巻き、意図的に議論を混乱させたかったのであろう。
学部執行部の逆質問状には、この調子で約20項目の質問が書き連ねられていたが、その大半はこのような、わざわざ聞く必要もない、あるいは学生に問う筋合いのものではない、些末な項目で占められていた。学生代表たちを愚弄しているとしか思えないこれらの質問は、当然ながら彼らをあきれさせ、その神経を逆なでした。しかし、この誠意のかけらもない質問状に対して、学生側は学業の合間を縫って真摯に回答した。そのようにして学部執行部に提出された彼らの回答文には、深い徒労感が滲んでいる。

個々の学生の意欲はさまざまですが、可能な限り演習に受け入れて、学生たちの成長を支援するのが本来の姿と思います。募集する演習の数が少ないのは、経営学部としてはそれなりの理由があるのかもしれませんが、当事者である私たち学生の考えを聞くこともなしに、少ない数の演習の募集で済ませることは適切とは言えないと思います。……（逆質問状からは）私たちの声を受け止めていただく姿勢があまり感じられないのが正直なところです。この回答には私たちの労力、気力、時間が浪費されています。きちんと活用し、解決につなげていただけることを望みます。

しかし学生側によるこの逆質問への回答文提出後、執行部から正式な返答が返ってくることはなかった。

問題を悪化させた「主役」と取り巻き

逆質問は、当時の経営学部教授会において教務主任を務めていた、谷よしと教授主導で行われたものであった。教務主任とは、学部長を補佐し、議事の円滑な進行を行うこと、またそのために必要な教務上の企画立案を役割とする役職である。しかし、「学部長を補佐」とはいうが、それは建前だけの話であり、谷教務主任は実際の議事進行では学部長以上の実権を握り、わが物顔に振る舞っていた。未ゼミ生問題が吹き荒れていた時期の2人の学部長、2017年3月までは鈴木学氏、同年4月以降は野間圭介氏は、谷氏の暴走をたしなめることもできず、常に谷氏のいいなりになっていた。

役職から言えば、当然ながら教務主任よりも学部長のほうが権限が上なのだが、谷氏が教授会における絶対的な権力者になりえた理由は、一つには教授会における彼の傍若無人で強圧的な言動にあった。誰かが自分に対して反対意見を述べようとすると、強引に話に割って入って発言をさえぎり、机をたたき、声を荒げ、詭弁を繰り出し、恫喝する。そして、その乱暴な言動に谷氏に追従する数人の取り巻きが同調し、時には谷氏本人以上に乱暴な態度と言葉づかいで、周囲を威圧する。そうしたひたすら押し出しが強い、言論人や知識人にはおよそ似つかわしくない言動に大多数の教員は呑まれてしまい、谷氏と彼の追従者たちに目をつけられまいと、教授会では自由に発言できなくなる教員たちが増えていった。また、逆質問文書でも見られた、論点をひたすらすり替えることで相手に徒労感を感じさせる手法は、教授会においても谷氏が得意としていた常套手段であった。

本来ならば、谷氏一派の暴走を止め、まず学生被害を食い止めることが学部長のなすべき対応であるはずが、そうした立場にいる鈴木・野間両学部長も谷氏を中心とした一派にのまれた側だった。特に野間氏などは、あるときに私ともう一人の同僚教員との3人だけの話し合いの場で谷氏からのプレッシャーがあることを打ち明け、「自分には谷教務主任を説得する論理は思いつかない」と、その心情を吐露したこともあったほどである。

そうした谷氏からしてみれば、自分の学部運営に学生たちが異議申し立てしたことは、よほど自分のメンツにかかわることだったのであろう。さすがに民主的な手続きを重視する学問の府にふさわしくないということで、教授会での賛同は得られなかったが、彼は教授会で学内での署名運動を禁止する提案をしたほか、問題の逆質問文書についても、経営学部の教授会名義で学生たちに送りつけようと画策していた。

学生の署名運動を禁じる提案が教授会で猛反発を受けた谷氏は、次に署名運動に協力した教員を槍玉に挙げるということも行った。彼が言う「署名運動への協力」とは、具体的には授業の終了後、教室に残っている学生たちに向けて、学生代表が署名のための説明をする許可を与えたことを指す。谷氏の理屈では、その説明の場に教員が同席していることで、教員という存在が一定のプレッシャーを与え、学生たちの行動様式に影響を与えるため、よくないというのだ。谷氏は教授会の審議で、常にこうした愚にもつかない詭弁を早口でまくし立て、議論を混乱させるのである。

そしてはっきり言ってしまえば、実はこの谷氏の存在こそ、未ゼミ生問題が解決できない最大の理由でもあった。谷氏とその追随者となっている数人の教授たちは、自分たちが思い描くとおり学部運営を行い、教授会の構成員も自分たちにコントロールができる面々で固めたいがために補充教員の採用を遅らせていたのであり、未ゼミ生はその結果として生み出された犠牲であった。言葉にしてしまうとあまりに低次元な理由で情けなくなるが、それこそが未ゼミ生問題の本質だったのである。

いずれにしても谷氏主導による姑息な逆質問と、学生代表がこれに誠実に返答したにもかかわらず、その後に正式な回答が学部執行部から返ってこなかったこと、加えて学生たちへの圧力が加えられている現状を見て、学生代表たちはもはや経営学部執行部は交渉相手にはなりえないと判断せざるをえなくなった。そして彼らは私たち教員有志とともに、2017年10月30日、「大学生の学ぶ権利（学習権）を考える龍谷大学有志の会」（以下、「会」）として、京都弁護士会の人権擁護委員会に人権救済申立を行った。

またこの間、2017年11月10日の段階で、会は申立書の写しを龍谷大学当局に届けるとともに、学生と学長との面談を申し入れたが、この面談申し入れは拒否された。学部執行部に続き大学当局まで不誠実な対応ではぐらかしたことが、学生たちの失望感をさらに深めたことは言うまでもない。

京都弁護士会・人権擁護委員会に提出された申立書には、当時の学生代表たちによる、もはや自分たちの救済は叶わないまでも、今後入学してくる後輩たちのために何とかしたいという、痛々しいまでの心情が綴られている。

学生の間にもゼミが決まった学生、とりあえず決まった学生など状況によって学生たちの熱意や怒りは徐々に低下していく中で、後輩たちにも同じ経験をさせてはいけないと思っています。今年度は21クラス設定されていますが、会計コース関係の演習が増え、一人の教員が二クラス担当するなど、私たちの要望内容とはかけ離れた状況となっています。このような現状から経営学部教授会はガラパゴス状態にあると思っています。私たちは学長に直接対話によって解決を求めたところ、当初は副学長と経営学部学部長が会うと提案してきたり、最後まで学長に会うことはかないませんでした。学生は大学における重要なステークホルダーです。龍谷大学には建学の精神を有言実行していただきたいと切に思います

この「龍谷大学未ゼミ生問題」は、署名運動に発展した時点ですでに、一部メディアも注目していた。しかし、京都弁護士会への救済申立は、それまで以上の関心を集めることとなり、NH

Kが学生代表にインタビューを行い、ニュースとして取り上げてくれた。その結果、学生代表の一人である東さんの、「同じ学費を払っているのに、ゼミで勉強できないというのはおかしいと思った」というコメントが、公共放送の電波に乗ることになった。

NHKに限らず、このニュースを報じたメディアは、ほぼすべて学生側に好意的だった。人権救済申立が報じられて以降の龍谷大学では、未ゼミ生問題はついに一学部の問題というスケールを越えて騒がれ始め、少人数教育を教学理念とする大学および経営学部の、現在のあり方の問題を顕在化させた。ここまでくると教員の中にも、遅まきながら問題視する人々が現れた。

他方で申し立てを受けた京都弁護士会は、申立から約2カ月半後の2018年1月12日、京都弁護士会に関係者を集め、聞き取りによる予備調査を実施した。この聞き取り調査の当日、学生代表の市川さんは風邪で体調を崩していたにもかかわらず、出席できた仲間の学生代表のスマートフォンを通じてリモート参加し、画面越しで止まない咳を必死に押し殺しながら、担当の弁護士たちに状況の悲惨さを訴えた。それを聞いていた2人の弁護士の表情は真剣なものであり、その様子を間近で見ていた私は、これは学生たちの救済につながるのではないかという希望を抱いた。実際に聞き取り調査が終わると、京都弁護士会は2月19日に本調査を行うことを決定した。この決定を受けて学生たちは大いに喜び、龍谷大学に何らかの指導が入るのではないかと期待した。

だがこれと同じ時期、申立を行った学生グループや未ゼミ生たち、そして支援する教員たちには、さらに有形無形の圧力がかけられるようになり、谷よしと教務主任が実質支配する学部執行部は、なりふり構わぬ対抗手段に打って出た。

谷氏が最初に行ったのは、自分が教えていた学生たちに対し、「署名したのか」と詰問したことだった。詰問された学生の中の一人は恐怖を感じ、「署名していません」とその場では答えたとのことだが、谷氏が学生たちに詰問をした事実は署名運動の代表者たちの知るところとなり、彼らは学内のハラスメント問題委員会に谷氏の行為をとがめ、処分できないのか相談をした。しかし、この際は「相談した学生代表たち自身がハラスメントの当事者ではない」という理由で、正式な申し立てに至らなかった。

そして、そのようなことが行われていた中でのある日の教授会で、谷氏は署名に名を連ねた学生のうち、「署名の意味をよく理解せずに署名してしまったものの、要望書を改めて読んでみると同意できない内容なので署名リストから自分たちの名前を削除してほしい」と要請しているとの報告を行った。報告にあたり、谷氏はその複数の学生たちが書いたという削除要請文を持参していたが、その文書は肝心の複数の学生たちの氏名さえ記載されていないものだった。また谷氏によれば、これらの学生の中には、署名運動を行っている最中の学生代表たちをスマートフォンで盗撮し、その動画を経営学部の教務課に提出していた者もいたという。これ自体も情けない行動で、この学生にそのような行動に走らせた動機が一体何なのか聞いてみたいところだが、谷氏はこの動画を、教務課課長と一緒に閲覧したと悪びれもせず報告した。

次の第2章でも詳しく述べていくように、龍谷大学ではセクハラ、パワハラによる被害が、学生・教職員を問わず続出している。しかし、そうした中でハラスメント被害を受けた本人が声を上げられるかというとそんなことはなく、実際には2次被害を受けるリスクなどから、泣き寝入りしてしまっているケースが圧倒的に多い。「被害の直接的な当事者でなければ事件として取り上げない」というハラスメント問題委員会の機能的な限界は、必然的に被害者に泣き寝入りをうながすことになってしまうのだ。

そして学部執行部はやはり谷教務主任主導により、学生を対象とするアンケート調査とその結果を利用して、未ゼミ生に対する「レッテル貼り」を開始した。

2017年10月30日、「大学生の学ぶ権利（学習権）を考える龍谷大学有志の会」が京都弁護士会の人権擁護委員会に人権救済申立を行い、メディアによってこれが大きく報じられた直後の同年11月から翌年1月にかけて、学部執行部は教務課に命じ、未ゼミ生を対象に「未ゼミ生の学修における調査」と称するアンケート調査を実施したのである。そして、最終的に発表されたこの調査の報告書において、執行部は、未ゼミ生たちは自分たちがゼミを受講できていないことについて特段の不利益を感じていないとし、したがって「未ゼミ生問題」なる問題は、最初から存在しないのだと言い張ろうとした。

その内容は、以下のようなものであった。

今回、最終答申までの委員会で「未ゼミ生」への対応を議論していたところから、17年度における2―4年生のすべての「未ゼミ生」に学修上の問題に関するアンケート調査（２０１７年11月から1月にかけて）を行った。

はじめにメール連絡で集まってもらったが、あまりに集まりが悪いために、教務課から電話連絡し、アンケートに答えてもらった。

結果を集約すると、

①ゼミに入っていないことで特別な不利益（プレゼン能力がえられない、演習論文を書けない、就活の情報が得にくい）を被っていると大部分の未ゼミ生が感じていないこと、

②不安といえば、どのような科目を履修すれば良いかがわからない時があること、

③そもそも1次募集からエントリしていない学生も少なからずおり、2次募集以降はその傾向が強くなること、

④就活上の特別な不利益は演習論文の内容やゼミ活動を聞かれた場合でのみであること、

などが読み取れた。

すなわち、一次募集で自分が希望するゼミに入れなかった場合、その時点でゼミに入ること自体を「選択的に」止める学生が多いということである。

実際、**単位を付与しない形式**（傍点筆者）でゼミに入れる追加措置をアンケート調査後の18年1月に実施したところ、現実に申し出たのは2年生で1名、3年生で1名であったことから

も裏付けられる。ちなみに「未ゼミ生」は2年生78名、3年生99名である。以上のことから、1次募集終了後はエントリー自体をせず、実際に「未ゼミ生」になって特段の不利益を被っていると思っている学生が少なく、就活上の不利益だと主観的に思っている項目自体も、人事担当者は実際には重視しない項目であるから、「未ゼミ生」は「選択的ゼミ無所属生」と表現するのが妥当である。

報告書中に登場する「追加措置」については若干の解説が必要だろうが、これは「単位は付与できないが、ゼミに参加できる」、いわゆる「単位なしの参加型」ゼミを学部執行部が2018年1月に制度化したものである。この単位なしゼミを設置したところ、参加を申し出た学生が非常に少なかったことは、いわゆる「未ゼミ生」のゼミへの関心の薄さを示すものであり、それゆえに「未ゼミ生」の大半は、実は「選択的ゼミ無所属生」、つまり自分の意志でゼミを選ばないことを選択した学生たちでしかない、と主張したのである。

しかし学部執行部から「選択的ゼミ無所属生」というレッテルを貼られた未ゼミ生たちの内情は、学部執行部が考えるほど単純なものではなかった。以下は私が直接ヒアリングした、学生たちの生の声である。

「マーケティングのゼミに入りたかった。なぜなら広報パンフレットで内容がとても魅力的に説明されていたから。しかしその先生に応募する学生は150名から200名と聞いた。5人に1人はパンフレット内容から影響されて応募していたこともわかった。『入れるわけない』と今になって悟った」

「(ゼミに入っていないことで)『不利益があるかどうか』を尋ねられた。しかし、ゼミを経験していない私たちにとって何が利益かもわからない。(携帯電話が普及していない)アフリカで『携帯電話をもっていなくて不便ではないですか』というような質問と同じだと思った。何が不利益で何が利点か、それさえもわからない。なぜなら利点を学ぶ環境に自分たちはいないのだから」

「『ありえないだろ』と思ったのは、単位なしでゼミに参加させる方法が勧められたことだ。信じられない。同じ授業料を支払っているのに、自分は単位を取得できない。そんなゼミに入る気持ちはさらさらない」

「署名運動をリードした学生に伝えたい。主張した内容は正直じっくり理解していなかったけれど、ゼミ数が圧倒的に足らず、取りたいゼミの数は少なかった(のは間違いない)。だから私は署名した」

「(未ゼミ生問題に対する問題意識は持っているけれど、署名運動のメンバーに加わることで)名前が出るのはイヤだ。匿名なら構わない。私と同様の意見の未ゼミ生はいると思うけど自分から働きかけるのはイヤ。他の未ゼミ生も同じでしょう」

『カリキュラム改革のためにアンケートに記入してください』と谷よしと先生に言われた。正直、自分たちは十分な教育が受けられないのに、いまさらカリキュラム改革のために自分の貴重な時間を取られたことに憤慨した。しかし、制度改善のために何かを訴えるほど関心はない。なぜなら、ゼミに入れないため、（ゼミの代わりに）12単位ほど教養科目など履修し、単位を埋めなくてはいけない。卒業できなくなっても自業自得と言われるのはわかっているので、未ゼミ生でありながら、制度改善のためにエネルギーを使う気持ちはない。加えて、奨学金を250万円ほど借りているので、なんとか就職し、返済しなくてはいけない。このような状況から心理的、そして時間的に余裕などない」

最後の声は、未ゼミ生たちの切実な状況を率直に教えてくれている。未ゼミ生となった学生は、ゼミを受講できていれば得られたはずの12単位分を代わりの教養科目などを複数履修し穴埋めしなければならず、そのために彼らが背負うことになる時間的負担は決して小さなものではない。学部執行部が実施したアンケートにおいて、本当に未ゼミ生たちの多くが今さらゼミを受けることへの関心を示していなかったのだとしても、それは彼らの学修意欲の低さによるものではなく、ゼミ落選後に送らなければいけなくなった、シビアな日常ゆえでしかない。

ましてや、そうした多忙な日々の中で「単位なしのゼミ」を申し訳程度に開講されたところで、受けたいと思う学生などいるはずがない。ただでさえいわれなき「負け組」意識を背負わされている彼らにとって、この「単位なしゼミ」は悪い意味での特別扱いであって、新たな屈辱でしかない。そんなことは、彼らの立場を想像してみればすぐにわかるはずのことだろう。恣意的なアンケートで学生たちのゼミへの関心の薄さをあげつらい、「選択的ゼミ無所属生」なるレッテル貼りをするなど、言語道断である。

京都弁護士会の「不処置」決定

さて、話を京都弁護士会への申し立ての件に戻そう。先ほども述べたように京都弁護士会は２０１８年2月19日に本調査を行うことを決定し、この決定により、龍谷大学に何らかの指導が入るのではないかとの期待が持たれた。ところが、同弁護士会は同年8月29日人権擁護委員会で審議した結果、「不処置」とすることを決めた、との結果を伝えてきた。不可解なことに、不処置とした理由についての説明は、「大学生の学ぶ権利（学習権）を考える龍谷大学有志の会」にはなにひとつされなかった。

この決定を受けて前述の谷教務主任をはじめとする学部執行部の面々は、当然勝ち誇った。彼らの支持者の一人は教授会で、弁護士会に申し立てを行った学生たちは龍谷大学の名誉を傷つけたのだと非難し、学生たちを支援した私たち一部の教員についても、名指しこそしなかったものの、「同罪である」と言い放った。

それを聞いて私は、「今のお話は私のことをおっしゃりたいのだと思いますが、私は学生たちが龍谷大学の名誉を傷つけたとは思いません。むしろ龍谷大学の名誉を彼らが回復してくれたと思っていますし、だからこそ私たちも彼らを支援したのです」と反論した。

とはいえ、京都弁護士会の「不処置」決定は、学生たちにとっても、彼らを支援した私たち教員にとっても痛恨の出来事だった。仲間や後輩のために必死で闘った学生たちは、その結果としてアカデミズムだけでなく、弁護士会に対する失望まで、社会に出る前に味わう羽目になってしまったのである。

そのころ私は、学生たちの口から、「『ゼミが最高』って言っておきながら、ゼミが取れないいなんて、この宣伝、大ウソやん！」「人をだましておきながら、大学はなんの責任も取らない。こんなんブラック企業より悪質やん！」といった言葉が頻繁に発せられるのを聞いた。それを聞き私は、ブラック企業より悪質な組織の一員と思われていると感じ、心が痛かった。

結局、市川さんら2017年当時に2年生だった世代は、在学中に未ゼミ生問題の解決を見ることなく、20年には大半が卒業していった。いわば時間切れである。大学および学部執行部は、彼らがどのような心境で卒業式に参加したかを考えたこともないであろう。

一方で私はここまでの間に、「自分にもゼミを受け持たせてほしい」という要望書を、学部長宛てに4度にわたって提出しており、そのうちの2度は、学生の「要望書」提出後に出したものだった。

先にも述べたように、私は経営学部の教員として1年生対象のフレッシャーズゼミ、そして1

年生後半から2年生前期前半まで行われる基礎演習の一つを、ダイバーシティ・マネジメントをテーマに担当してきた。自分で言うのもおこがましいが、経営学部の基礎演習では最も人気のあるゼミの一つであったはずだ。また、学生たちの要望書に書かれていたように、当時（今もだが）の龍大経営学部のゼミは「会計コース」に偏っており、「組織をリードするモデル」、経営戦略や起業を目指す人向けの「市場と情報を活用するモデル」などの研究を目指す経営コースは、圧倒的に少なかった。その点で、ダイバーシティ・マネジメントを専門とする私がゼミを開講すれば、「世界に飛び立つモデル」の内容に沿うゼミを1つ増やすことになり、学生たちのニーズに合致する。未ゼミ生全員を救済できるわけではないが、少なくとも20人の学生たちを救うことはできるはずだった。

私がゼミを担当する上で支障は何もないはずだったし、学生救済を目的とした私の要望はいたって合理的であったため、教授会では私の申し出を「ありがたい申し出だ」と積極的に賛同してくれる教員も、少なくなかったのである。

しかし、私の申し出はその都度、教務主任であった谷氏を中心に斥けられてきた。より正確に言えば、彼らは学生からの要望をまともにとり上げなかったのと同様に、私の要望も徹底的に無視した。教授会の場で私の要望は一度も実質的な審議をされず、門前払いされたのである。しかも谷教務主任が私の申し出を門前払いするために持ち出してくる根拠は、彼の思いつきしだいで、その場その場で変遷した。

末ゼミ生問題が起きて以来、谷氏が私の要望をはねつける理由として持ち出してきた根拠は、少なくとも2017年度のうちは、私が「専攻科目の担当教員ではないからだ」という理由だった。たとえば先に触れた、谷氏が学生たちに送りつけた逆質問文書にも、「専門性の観点から経営学と無関係の専門分野の教員を演習に割り当てることはありません」との一文が書かれていた。これなどは、明らかに私を狙い撃ちしたものである。

これに関して、若干の説明が必要になると思うが、経営学部の教員には、専攻科目担当教員、学部共通コース担当教員、教養科目担当教員という3種類がある。専攻科目担当教員は、経営学・会計学領域に関する専門家であり、採用やノルマの管理が経営学部によって行われている。一方で教養科目担当教員は、英語やフランス語、ドイツ語などの外国語のほか、自然科学、人文科学、社会科学、スポーツ科学などに関する専門家で、経営学部に所属するが、採用やノルマ管理が教養教育センターないしはそこに設置されている各科目部会で行われており、他学部の講義も担当することになっている。

しかし、教養科目担当教員だから経営学部の専攻演習を担当できない、などというのは、ルール自体存在しない。実際に2011年から、経済地理学やインド地域研究を専門とする塚本秀直准教授（仮名、肩書は当時）が「経営立地論」、13年度からは都市社会学を専門とする正木義人准教授（同）が「国際比較社会論」というゼミをそれぞれ開講していたが、この両准教授は教養科目の担当教員だった。加えて正木氏の専門分野は「人権」であり、「経営のケも知らない」と、経営学に関係する論文の執筆実績はないことを、私の裁判で陳述書により証言してくれた。

そもそも私は谷氏が言うように、「専攻科目の担当教員でない」わけではまったくなかった。私は1996年度から2007年度まで、経営学部の専攻科目である「ビジネス英語」や「上級英語」などの英語科目を担当していたし、07年度以降は、やはり専攻科目である「日本の産業と外国人労働者」「企業経営と人権」「女性と社会的弱者のための経営学」などの特別講義を担当していた。これらの事実が指摘された17年12月6日の教授会では、谷教務主任によるこれまでの説明との矛盾について、川西（仮名）という教授が谷氏に説明を求める場面があった。

「李先生がゼミを担当できない理由として、谷教務主任が教務委員会でこれまで何度も説明してきたのは、『李先生が専攻科目をもっていないからダメ』というものだった。しかし、（その日の教授会で判明した事実では）李先生は現時点で専攻科目をいくつも担当しているというではないか。これはどういうことか」

そう、川西教授は谷氏に直接問いただしたのである。

しかし、これに対して谷教務主任は、自分が事実誤認していたことを謝るわけでもなく、まったく別の、新たな理由を持ち出してきた。私が龍谷大学に採用された時点では専攻科目の担当教員ではなかったことを取り上げ、「李教授と（塚本准教授や正木准教授ら）ほかの教授では、着任時のときの条件が異なる」ため、専攻演習を担当させるわけにはいかないと言い始めたのである。この返答が彼の口から飛び出した際は、川西教授もあまりの理不尽さに呆れてしまい、「君の説明は無茶苦茶やないか」と非難し、教授会は紛糾した。

しかし、谷教務主任はこれだけでは根拠が弱いと焦ったのか、この日の教授会および翌年1月10日の教授会で、私が担当していた専攻科目が彼の考える「固有科目」に該当しないという、さらにまったく別の理屈も持ち出してきた。谷氏の説明によれば、固有科目とは「経営学・会計領域の専門科目を意味する狭義の専攻科目」なのだという。

しかし、経営学部の専攻科目においては、「広義」だの「狭義」だのという区別はカリキュラム上も学則上も存在したことがない。また、そのような基準で取り扱いを区別した事例もなかった。また、経営学部の過去のシラバスには「固有科目」という単語こそ出てくるものの、この「固有科目」は広義・狭義を問わない、単に専攻科目と同義の言葉であった。塚本准教授や正木准教授にしても、彼らの担当する専攻科目は、経営学・会計学領域の専門科目というわけではない。特に2人のうち正木准教授に関しては、採用時に専攻科目の専門性の審査を受けていたわけでもなかった。

ようするに谷教務主任は、どうしても私にゼミを担当させたくないがために、不合理な理屈を勝手にひねり出し、後付けで加えたのだ。そして谷教務主任は、川西教授が激怒した教授会を経て、自分が議長を務めている教務委員会での会議を秘密裡に録音するようになった。自分の行ってきた説明の事実誤認や矛盾を教授会でことごとく指摘されたため、教務委員会での委員たちの発言を、自分に有利な証拠として残そうとしたのだろう。後に行われた裁判でも、裁判所にそれを証拠提出してきた。

しかし、谷教務主任は、この教務委員会でさえ問題発言をしていた。先に述べたように、教養科目担当の教員で同時にゼミ担当教員でもあり、従来の谷教務主任氏の説明が矛盾していたことを示す根拠でもあった塚本氏と正木氏に関して、「塚本先生と正木先生もゼミから外れてもらいましょうか」と、脅迫ともとられかねない言葉を言い放ったのである。2人がゼミ担当を外されてしまったら、さらにゼミ数が少なくなり、2人に迷惑がかかるばかりか、もっと未ゼミ生が増えかねない。そう思い、これ以後は自分と塚本氏・正木氏の共通性を強調しづらくなってしまった。

谷教務主任が私に対して行った一連の理不尽な対応が、私に対する嫌がらせであると感じた人は、教授会のほかの構成員にもいた。教養教育科目担当の岸田准教授（仮名、肩書は当時）は、「執行部はカリキュラム改革を待つと言っているが、李教授には（定年まで残り数年という）時間的リミットがある。執行部の判断は実質的な排除ではないか」と意見を述べている。

妨害の手練手管

私がゼミ担当を最初に申し入れた時点から、2017年12月6日の教授会で谷教務主任による後付けの理由で申し出を拒否されるまでの経緯を、もう少し詳しい時系列で記していきたい。

まず私は、2016年4月26日に経営学部の教養教育担当教員である角岡賢一教授と連名で、当時の鈴木学部長および経営学部の教授会構成員に対して、教養・共通・専攻科目の区別なく、希望するすべての教員に演習担当を可能とすることを求める「学部運営と経営学部の『教育の質的保証』」という書面を提出した。これに対して鈴木学部長は、書面提出2日後の同28日、私と角岡教授に書面で返答した。この書面には、「教養の教員のみなさまで演習担当についてご議論いただいたうえで、教務委員会に提案をしていただきたいと考えております」と書かれていた。そこで私は5月11日、教養・コース科目担当者に懇談会への参加を口頭で呼びかけ、そこに集まってくれた4人の教員と、教養・コース科目担当者にも専攻演習の担当を申請する機会を確保することに関し、発議提案しようと議論した。この議論の結果、17年度から希望するすべての教員に、専攻演習の担当を申請する機会を確保するための提案をすることについては問題がないことについて合意が得られた。そのため、私はその旨を同月16日、鈴木学部長と教務主任である谷氏、教授会の構成員、そして教務課職員にメールで報告した。

しかし、これに対して谷教務主任は、メール送信当日にさっそく難癖をつけてきた。私を含む教養教育担当教員に対し、先の書面では「教養・コース科目担当者の間で、誰が何名参加し、どの点まで何名で合意ができたのか、どこが合意できたのか、議論途中なのかがわからないので審議項目にできない」として、合意している箇所と、していない箇所、付記事項を整理してから提案し直すよう指示してきたのである。

これをうけて、教務委員会のメンバーでもあった前述の塚本准教授は、6月8日と10日に私とは別に教養・コース科目担当者を集めた懇談会を開催した。この2回の懇談会には、教養・コース科目担当者16人のうち、教務委員2人を含むのべ9人がどちらかの会に参加したほか、メールなどで意見を提出した教員も3人いた。それぞれの懇談会での議論を経て塚本准教授は、1月24日、谷教務主任に対して、「担当科目やカリキュラムの運営に教養・コース担当教員の懇談会の結果を踏まえ、教養・コース科目担当者が経営学部の専攻科目演習を担当することを検討するよう求める要望書をあらためて提出した。

この文書には、①教養科目やカリキュラムの運営に支障をきたさず、本人が希望する場合に限り、教養・コース科目担当者が専攻科目を担当することに異論はない②専攻演習の担当を積極的に希望する教養・コース科目担当者がいる、との意見を踏まえて、教養・コース科目担当教員が専攻演習を担当することについて検討してほしい——との要望が記されていた。

この塚本准教授が提出した文書は、いくつかの留保を設けているが、そのようにして谷教務主任の顔を立てながら、教養・コース科目担当教員の大多数が賛同を得ていることを示してくれたと言えるだろう。しかし、谷教務主任はこれにも「教養・コース科目担当者のうち、専攻演習の担当を希望しているのは李教授一人しかない」「塚本准教授および正木准教授が専攻演習を担当しているのは、専攻演習を担当する前提で採用されたからである」などの理由を並べ立て、議論を教養・コース科目の担当者の懇談会に差し戻すように告げてきた。同日に開催された教務委員会でも、塚本准教授を代表として出された要望書については議論されたものの、谷教務主任は強引に「継続審議」扱いにしてしまった。「継続審議」とはいうが、名ばかりであり、事実上の審議拒否である。

本来ならばこのような要望を扱う際の手続きは、まず①学部長が教養教育科目担当教員の懇談会での了解を確認②確認が得られれば、その要望は経営学部の通常の学部教務事項と同様の扱いとなる③学部長は、教授会での審議事項または了承事項において、この要望を教務委員会に諮ることを提案し、教授会での了承を得る④教務委員会で議論され、その結果が学部長に報告される⑤教務委員会からの議題提案を受けて、学部長は教授会の審議事項として提案し、教授会で担当の可否を決定――という流れになる。したがって手続きの上では、私が教養・コース科目担当者数人の懇談会を開催した2016年5月11日の時点か、そうでなくとも塚本准教授が教養・コース科目担当者の大多数の意見をまとめて要望書を提出した時点では、右の①から②のプロセスは完了していた。しかし、それを経営学部の執行部の一員であり、教務主任として教務委員会を取り仕切る立場にあった谷氏が介入し、私に専攻演習を担当させまいとする不当な目的をもって議論をすり替え、不合理な独自の理屈を展開することでプロセスを③以降に進ませなかったというわけである。通常あるべき審議が行われてさえいれば、私は2017年度には専攻演習を担当できていたはずだった。

後に第2章で詳しく説明するが、大学教育における教養科目と専攻科目の垣根は可能な限り取り払うべきだとする考え方は、ずっと前から世界の趨勢となっている。日本でも過去30年ほどの間、文科省と各大学が協同して取り組んできた経緯がある。したがって、私に専攻演習を担当させまいとして谷氏が持ち出してきた「教養科目担当であるから」だの「狭義の経営学を教えていない」だのといった理由は、本来は理由として持ち出せるようなものではない。教授会でそうした経緯を指摘し、谷氏の誤りを正そうとした教員も何人かいたが、谷氏の思い込みは激しく、決して自説を曲げようとせず、自分の理解や解釈が間違っていると指摘されても、誤りを認めるわけでもなく、まったく別の独自解釈を持ち出しては、興奮した様子で反論を続けるのみだった。ロジックと事実に基づいて反対意見を述べる教員に対しては、谷教務主任自身と谷氏の取り巻きが発言の腰を折って恫喝し、ときには机をたたくなどして威嚇する。こうした論理も何もない議論に付き合わされる教員はうんざりしてしまい、大半の教員はただ面倒に感じて、日和見的態度に終止するようになった。こうして谷氏らに疲弊させられた教授会は正常な運営から日ごとに遠ざかり、機能不全に陥っていった。

あるとき、私が教授会でそうした谷氏の発言のおかしさを指摘した際、彼は「この対応がイヤなら出るとこ出ましょう。イヤなら訴えろ！」と恫喝してきた。また、教員の不足により2人の教員が2つずつゼミを担当していた現状について、私が「これでは教育の質保証が担保できない」と指摘した際は、谷氏の取り巻きの一人から「なめんなよ！」「ふざけんな！」といった、ヤクザまがいの恫喝をされたこともあった。

こうしたハラスメント行為は私だけに向けられたわけではなく、彼に異論を唱える教員にはもれなく向けられ、教授会で対応する日々の中で心身のバランスを崩す教員が急増した。谷教務主任および彼の支持者とエレベーターに乗り合わせることにすら恐怖を感じ、研究室を彼らとは別の棟に変えてもらった教員がいたほどである。私自身、定年まで任期1年を残していたこの時期は心身ともに疲弊し、退任までの1年近くの間、咳喘息が悪化して病院通いをしていた。私たち大学教員の研究活動においては、大学から割り当てられている各人の執務室が「研究室」と呼ばれていることからもわかるように、学生たちと協働で専門領域を進展させていくことが権利とみなされていると同時に義務ともされている。それを谷氏は、私の名誉を傷つけただけでなく、教員そして研究者として力をふるい、成長する機会を不当に奪った。日本国憲法第23条が保障する学問の自由、つまり学問活動において、他者から干渉や制限を受けない自由を侵害したのである。

後に裁判になった際、谷氏のハラスメントの根本的原因として私の弁護団がよく挙げていたのは、「谷氏は李さんの存在がとにかく気に食わない。ようは嫌いなんだろう」ということだった。おそらくは、実際そうだったのだろう。とはいえ、その「嫌い」の理由を社会科学の方法論を用いて掘り下げていけば、それは私という人間が、谷氏という人物の価値観からすれば自分よりも「格下」の教養科目担当教員、語学教員であり、なおかつ女性であること、にもかかわらず彼に迎合しないどころか、彼のメンツをつぶした学生たちを支援したことなどの、複数の要因がからんでいるはずである。谷氏本人は認めないかもしれないが、こうした複合要因のなかに、コリア系であるという私のエスニシティが、絶対に含まれていなかったとは言えまい。

近年アメリカで提唱された、インターセクショナリティ（Inter Sectionality＝交差性）と呼ばれる概念がある。人種や国籍、エスニシティのほか、ジェンダー、セクシュアリティ（性的指向）、階級、社会的地位、障がいの有無、信仰する宗教など、さまざまな属性が組み合わさり、相互に作用することで、それぞれの属性が独立してある状態では起こりえない独特の差別・抑圧が生じる状況を指すことを明らかにした概念だ。「黒人であり、ゲイでもある」「身体に障がいがあり、なおかつ女性である」「貧困層であり、イスラム教徒である」……など、マイノリティの属性が一人の個人のうちに積み重なるほどに、その人に加わる差別は、独自の抑圧性を帯びていくことになる。私の場合も、女性であると同時に民族的なマイノリティであり、さらに大学という場にあって権力に非従順型の教員であったなどの複数の要因が交差した結果、それぞれが独立した状態では生じない独特の差別を引き起こしていたと考えられる。

龍谷大学では、教職員を対象に毎年健康診断を実施しており、そこで受診した本人にストレスチェックのためのアンケートを記入させているのだが、このストレスチェックにおける総合リスク数値が２０１９年の全学平均数値は「82」であったのに対し、経営学部に関しては17年に「１１９」、18年に「１２３」、19年に「１６２」と、全学平均の約2倍もの高さにあることが報告された。教授会でこの結果を報告した資料は回覧のみが許可され、コピーを取ることは教務課から禁じられていたが、私はこの数字が重大な意味を持つと判断し、メモを取っていた。

２０１９年11月29日には、教授会構成員である11人の教員が、入澤学長宛に「谷教務主任〝暴政〟を食い止めてほしい」「学生被害が深刻である」という嘆願書を提出し、学長に救済を求めたこともある。11人というのは、教授会構成員の実に3分の1にも相当する数である。

私は係争中だったので、嘆願書に名前を連ねなかった。提訴する前に学内で問題解決をはかるためハラスメント問題委員会に解決を求めた。ところが委員会が選出した調査委員による聞き取りは、申立人である私に対してはまったく行われず、私が提出した書面を読んだだけであった。その上でハラスメント問題委員会は、私の演習担当申し出を拒否したのは「教授会の判断」であるので問題ないと判断してしまったのである。実際は、谷教務主任主導の執行部が正式な審議にかけることを妨害し、教授会としての決定をするには至っていないにもかかわらず、「結論ありき」の、半ば門前払いに近い対応を受けたのだった。

また、大学トップに近い別のある人物からは、「谷教務主任という人物に問題があり、経営学部の教員たちが被害を受けていることも理解はしている。しかし、ハラスメント問題委員会には何の権限もない。谷氏教務主任へ何らかの処分を課すには、教授会の3分の2以上の同意が必要なので、学長ですら権限がない」と言われた。

私はこの人物が、私との会話を終える際に、「龍谷大学は所詮ボンさん大学」と口にしたのを今でもよく思い出す。「ボンさん」とは「お坊さん」、つまり浄土真宗本願寺派の僧侶が運営する大学、という意味である。学内の問題は可能な限り学内で解決するのが望ましいと思っていた私は、当時この言葉を聞き流してしまい、龍谷大学が「ボンさん大学」だと、なぜ問題解決ができないのかについても。そのときはあえて問わなかった。しかし、大学のハラスメント問題委員会が何の役にも立たないことを実感せざるをえなくなるにつれ、私のなかで少しずつ、「裁判」という言葉が重みを持ち始めていた。

自分が原告となり裁判へ

2019年1月11日、私はついに自分自身が原告となり、法廷で闘うことを決断した。未ゼミ生問題を起こし、放置した責任者である学校法人としての龍谷大学と石上智康理事長、野間圭介氏と鈴木学氏の2人の学部長、そしてその時はすでに「元」教務主任となっていた谷氏を相手どり、京都地方裁判所に損害賠償を求めて提訴したのである。

教授会の運営において、教授会執行部が教授会の構成員に対し、民主的・合理的な審議、手続を確保せず、一方的な決定を行うに至った場合は、教授会執行部の教授会運営、決定自体が、適正な審理・手続をとるべき義務に違反したものとして、違法であると評価される。教授会執行部の役職にあった谷・野間・鈴木の3氏が、私が再三申し出たゼミ担当の要望を無視し、教授会において私の要望を審議しなかったのは、適正な審理手続きを取るべき彼らの義務に違反しているだけでなく、違法なハラスメントに該当するものであり、彼らの不法行為により私は私自身の研究成果を学生に還元し、学生との議論によって自身の研究を発展させる機会を奪われ、教授の自由を侵害された。したがって谷氏ら3氏に対しては不法行為の責任を問うとともに、大学に対しては谷氏ら3氏の使用者責任、さらに私へのハラスメントに対し適切な対応を怠った就業配慮義務違反による債務不履行を問い、これらから受けた損害は150万円は下らないというのが私の主張であった。

もとより私が裁判を起こしたのは、第一には龍谷大学経営学部の未ゼミ生問題を解決し、現在いる学生と将来入ってくる学生たちの学習権が保障されるようにすることが目的であった。そして次に、教授会の運営を正常化させ、悪い意味での聖域化を止めることにあった。したがって本音を言えば賠償金などどうでもよく、裁判を起こすためにどうしても必要なら金額は「1円」でも構わなかったし、当初は弁護士にもそのように意向を伝えた。しかし、日本の裁判においては、裁判はあくまで「原告自身の被害の救済」ために行われるという建前がある。そうである以上、それなりの額を要求しないと裁判官に本気だとみなしてもらえない可能性があると弁護士から説得され、最終的にこの額を請求することになった。

もちろん、ゼミを担当することを妨げられたことにより、私自身が被害を受けていたのも間違いない。ゼミを受けることが学生にとって知的な能力を伸ばす貴重な機会となるように、専攻演習の教員にとっても、ゼミは学生の成長を実感する機会であるとともに、学生の考え方を知り、教員自身も学生からさまざまな刺激を受け、新たな問題意識を形成するなど、教員として成長する、貴重な場となるからである。

とはいえ、提訴するという決断がそう簡単に固まったわけではなかった。裁判となれば、これまで以上に多大なエネルギーと時間を費やさなければならないことは明らかだったし、一方で私は定年間近で、未ゼミ生問題にも経営学部教授会の機能不全の問題にも、見て見ぬふりさえできるなら、2年後には安穏なリタイア生活が待っている身だったからである。しかも提訴した後の勝訴の見込みについて複数の弁護士や法律家に相談したところ、「勝訴はきわめて難しいだろう」というのが、大方の見立てだった。

私が相談した弁護士の一人によれば、大学に所属する教員が大学を訴える場合に最も多いのは、解雇の正当性を争う事件であり、こうしたケースでは普通の労働事件のように戦い、仮に大学側が労働基準法をはじめとする労働法規に違反していることが立証されれば、大学側の敗訴となる。ところが私の事件のように、大学内で決まったことが違法と言えるのか否かを問う裁判では、話はそう簡単ではない。訴えられた大学側が、「これは大学の自治の問題であり、裁判所が判断すべき問題ではありません」と言い張ってしまえば、裁判官がその判断に介入するのは、一般的に非常にためらわれることだからだ。司法も国家権力の一つである以上、大学内で決まったことについて裁判所が、「それはおかしい」と介入すれば、そのこと自体が「権力の介入」になりかねない。「大学の自治」という聖域を侵したというふうにも、とらえられる。したがって多くの一般的な裁判官は、「大学の判断にはあまり積極的に介入するべきではない」と考えてしまいがちだというのである。「大学の自治」が、近代社会において尊重される概念である以上、その「自治」の内容が非常に問題があるとしても、司法の介入で正すのは難しいのではないか、というわけだ。

おそらくは京都弁護士会が不処置とした理由の一つにも、この「大学の自治」という問題が横たわっていたのも想像に難くない。

しかし、裁判がたとえ敗訴に終わったとしても、こちらの主張が正しければ、世の中を変える起爆剤になりうることもあろう。だから実をいえば、やるべきか、やらざるべきかを迷い、熟考した期間が半年ほどあったのだが、最終的に私の背中を押したのは、元学生の一人が発した「李先生がやらなければ誰がやるの？」という一言だった。

そうして私が裁判に踏み切ると、龍谷大学経営学部で株式会社論を担当している細川孝教授や学部長経験者の重本直利氏を中心として、この裁判を物心両面から支援してくれるとともに、裁判の内容に注視し、より多くの人と問題共有して未ゼミ生問題の解決を目指すための支援団体が立ち上がった。この団体「大学オンブズマン・龍谷大学経営学部李洙任先生を支援する全国連絡会」には、２０１９年2月10日の段階で大学人を中心に93人もの方々が呼びかけ人に加わってくれた。学内外の支援者によって構成されるこの連絡会は現在、２００人以上の規模となっている。

私が起こした裁判に対し、ここまで広い支援の輪が広まったのも、私がゼミ担当を拒否されたことは私のみの権利侵害にとどまらず、学部執行部の手続きの正当性にかかわる問題であり、ひいては大学運営および大学教育のあり方を根本から問う問題なのだと、多くの人が理解してくれたからにほかならない。

大学の自治そのものは、非常に重要なものであることは間違いない。大学内で何かを決めるにあたっては、国家権力や巨大資本などの「大きな力」の介入から自由であるべきだし、かつての日本の大学人たちは、そうした権力からの介入に抗することができないうちに、なし崩し的に戦争協力をしてしまった歴史もある。だからこそ、大学が権力と一定の距離を取り、教員など大学を構成するステークホルダーの自治によって学内のことは決めていくべきという考え方自体は、正当である。しかし、自治の担い手は教授会のみにあるわけではない。そこで学ぶ学生もステークホルダーであり、大事な主役なのである。学生の声を排除して、教授会が独裁的にことを運ぶための口実としての自治ならばむしろ害悪であり、悪い意味での大学の聖域化だ。私の裁判を支援してくれた輪の広がりは、龍谷大学未ゼミ生問題についてそのような問題意識を持っていた大学人が非常に多かったことの現れだと思っている。

私が大学当局を提訴した18日後の2019年1月29日、入澤崇龍谷大学学長が経営学部長に宛てて出した、「経営学部への要請」という文書がある。そこで入澤学長が述べていたのは、経営学部の教授会で混乱が続いており、ハラスメント問題委員会への申立が多発していること、また産業医からは近年、経営学部のストレス環境が著しく悪化している旨が伝えられていることなどであった。さらに入澤学長は、「本来であれば、学部教授会や研究科委員会において、真剣かつ誠実な、筋の通った議論を行い、学部・研究科の中で、自律的に対処されるべき事案であったと考えます。しかし、実際にはそうなっておりません」「学部や研究科での自律的な組織運営をする機能が適切に働いていない」などと指摘。その上で、「相手を尊重し、相手の発言に真摯に耳を傾けること、それに対して意見や反論があれば威圧的な言い方で応ずるのではなく」などと、およそ大学教員に対する呼びかけとしては異例の、あたかも小学生に言い聞かせるような注意を行ったのである。私が起こした裁判では、谷教務主任らに対する大学の使用者責任を問うていた。おそらく入澤学長は、訴状を受け取ったタイミングで遅まきながら焦り始め、大学として使用者責任を果していることを慌てて形として残そうとしたのだろう。

いずれにしてもこれ以来、経営学部の教授会では、「議長は中立公正に議事運営をしなければならない」「教授会における発言において議題外の発言は控える」「教授会における発言中に他の者がみだりに発言して妨げてはならない」「教授会における議題の賛否を討論する際、賛成と反対の意見をなるべく交互に発言する」「教授会においてできる限り多くの構成員が発言できるよう構成員同士が心がける」という5カ条からなる、「経営学部教授会における会議原則」を学部長が冒頭で読み上げてから会を開始するようになった。結果を見れば、私が裁判を起こしたことで、早くも事態の一部が改善できたともいえる状況となった。

もちろんこの5カ条は、どれも本来ならば教授会開催のたびに学部長が読み上げて確認する必要などない、大学人はもちろん、社会人ならばわきまえていてしかるべき「当たり前」の節度でしかない。しかし、入澤学長による要請が行われたということは、裏返していえば、学長要請まではこの「当たり前」のことさえできていなかった、ということを示している。また、この文書が出された事実は同時に、大学当局も経営学部教授会そのほかの会議において、日常的に暴言や恫喝めいた発言が蔓延していた事実を把握し、認識していたことを裏付けてもいる。入澤学長の立場を想像すれば、学長が学部の運営に言及することは教授会自治の観点から本来は望ましくなく、極力差し控えたいという気持ちはあったはずだ。しかしそれにもかかわらず、入澤学長があえて教授会の異常な現状に言及した事実は、経営学部における教授会自治の崩壊状況が、大学本部から見ても看過できないレベルにあったことを、これ以上ない形で裏付けたのである。

裁判はその後、新型コロナウィルスの感染拡大の影響もあって長期化したが、紆余曲折を経て2021年8月ごろから、裁判官が和解を勧めてきて、被告たちとの和解協議に入った。この和解協議で原告である私の側は、被告たちに賠償金と謝罪は要求しなかった。代わりに要求したのは、①ゼミ受講が困難な学生が存在することへの理解と適切な改善策を早期に実施すること②経営学部における混乱についての調査委員会設置、改善策提案、それに基づく是正を行うこと③原告が被った物的・精神的損害の回復措置をとること――の3点だった。しかし、原告である大学は和解案を承諾しなかった。「未ゼミ生問題は現時点ですでに是正されている」というのが大学側の見解であると主張し、譲らなかったのである。しかし、実態を見れば解決とはほど遠い状況であり、そのような主張を認めることなどできるはずもなかった。こうしてお互いの主張は平行線をたどったまま、和解協議は決裂した。

2023年2月9日、京都地裁で判決が下された。結果は、原告である私の訴えを棄却するというもの。半ば予想していた結果ではあったが、私の申し出をはねつけるにあたって、谷教務主任の説明が不合理に変遷していることは判決文でも事実として認定されており、実際の文中では以下のように書かれていた。

教授会の運営においては、民主的・合理的な審議、手続が行われなければならないことは当然の条理である。したがって、教授会執行部が、教授会の構成員に対し、民主的・合理的な審議、手続を確保せず、一方的な決定を行うに至った場合は、教授会執行部の教授会運営、決定自体が、適正な審理・手続をとるべき義務に違反したものとして、違法であると評価される……本件においては、先に述べたとおり、被告教務主任による原告に専攻演習を開講させないことの理由説明は、内容を変遷させており、最初から原告に専攻演習を開講させないという結論ありきにて不合理な説明に終始したものといえる。

しかしその一方で、経営学部のゼミの担当者の選定については「教授会の裁量的判断によって行われるもので、大学側による裁量権の逸脱や濫用があるとは言えず、違法とは認められない」というのが、京都地裁（裁判長・池田知子氏）の判断であった。当初から危惧していた「大学の自治」の解釈をめぐる問題が最後までネックになった形だが、私がゼミを担当できなかったのは、教授会の判断によるものではなかった。ここまでに私が記してきたように、教授会は谷よしと教務主任と無責任な運営をしていた学部長たちによって、機能不全になっていた。また大学当局は、経営学部教授会の崩壊を熟知していたのであるから、経営者として環境保全の配慮を怠っていた。しかしこれらの大学に対する批判は、「大学自治」という言葉により輪郭をぼやかされてしまった。

一審での戦いを振り返ってみて今でも残念に思うのは、私や弁護団が要求し、裁判所に陳述書を提出してくれていた正木義人准教授（仮名）の証人尋問を、裁判所が認めなかったことだった。前述したように、正木氏は経営学・会計学領域を専門科目にしていない教養科目の担当教員であり、また採用時に専攻演習科目の専門性の審査を受けていなかったが、ゼミの担当を認められていた。正木氏の法廷証言が裁判官によって採択されていれば、正木氏と私の立場に何ら変わりはなく、したがって私にだけゼミを担当させることを認めない学部執行部の対応の矛盾は、客観的にも明確になるはずだった。しかし不可解なことに、裁判所はその要求を認めず、結果的に谷教務主任らが主張していた、「李と正木では採用時の条件が異なる」という言い分を鵜呑みにしてしまった。支援者のなかには、「大学側を勝たせるという裁判所の方針が最初から決まっている以上、裁判所としても谷教務主任の主張の矛盾をこれ以上ない形で立証してしまう正木証言を、法廷に持ち込ませるわけにはいかなかったのだろう」と推測する人までいた。

京都地裁での敗訴後、支援者からいただいたメッセージのほとんどは、私への応援であるとともに、裁判所への批判でもあった。そのなかでも２０１６年11月の学長選挙立候補者であった新田光子名誉教授からいただいたメッセージが当を得たものと思えるので、ここに一部を引用して紹介したい。

被控訴人においては、龍谷大学のこれまでの「教養差別」をはじめ、日本の大学の「大綱化」教育改革を十分踏まえた教務担当をすべきところ、それらに逆行する教務作業や授業担当決定作業をおこなってきたことは明らかです。授業ノルマ減や役職手当が支給されるなどで重要な大学業務に就いていたにもかかわらず、適切な対処を怠った不作為や、その立場上の行為は、いちじるしい役割上の逸脱に他なりません。これらの事実認定が下級審判決では不十分であると思われます。

控訴人は教育能力に優れ、研究実績において他に抜きんでた龍谷大学専任教員でした。所属組織内で正式な、取り得るあらゆる手段を講じて、あるいは学内ハラスメント問題委員会にたいして救済を求めました。定年退職直前まで、そうした訴えをせざるを得ず、訴えに何ら応えられることがなかったために最後の手段として提訴に及んだのです。学内での繰り返し訴えた事案に、控訴人に非はありません。控訴人の求めに応じられなかったことにたいしては、被控訴人個人あるいは被控訴人が連帯してその責を負うべきであり、法的責任が生じると思われますが、それを認定しなかった下級審判決を私は受け入れることができません。

龍谷大学だけでなく日本の大学では今日まで、さまざまな「教養差別」事例が生じていると思われます。しかし、控訴人の事例は、そうしたなかでも特異な差別事例であったと思われますが、下級審の事実認定は不十分なものに留まったと言わざるを得ません。「大学の自治」は、現場の教育職員や事務職員の職務遂行能力を十分に生かしたうえでの学生への適切な教育指導が核にあるべきことは言うまでもありません。学生や教育職員の、人権保障が蔑ろにされることは論外です。本件に見られる控訴人の職務遂行能力あるいは教育指導熱意、これらを大きく削ぐ対応は「大学の自治」を問うまでもなく問題事例であり、問題を不問にすることなく法的に訴えたことには十分理由があると思われます。

裁判闘争で挙げた「成果」

とはいえ、控訴して戦い続けていれば、状況が変わることもありえる。その決意のもと、私は大阪高裁への控訴を行った。しかし訴えは2023年12月13日に高裁から棄却され、さらに最高裁にも上告したが、24年6月14日に最高裁が棄却したことにより、私の敗訴が確定した。

結果だけを見れば私の完敗ということになる。しかし、私が裁判に踏み切ってよかったと今でも思えるのは、この裁判をきっかけとして、龍谷大学経営学部の運営にいくつかのポジティブな変化がもたらされたからだ。先ほど紹介した、経営学部教授会の冒頭で5カ条のルールが読み上げられるようになったのもその変化の一つだが、これとは別に、一審を争っていた最中の2020年11月に行われた経営学部の学部長選挙で、経営学とは無縁の仏教学（中国仏教）を専門とする教養科目担当の教員、長谷川氏が選出され、21年4月から経営学部長を務めたということがあった。これは龍谷大学にとっては、前代未聞のことだった。しかも長谷川氏の任期は23年4月からすでに2期目に入っている。教養科目を専門科目よりも下に見る経営学部の伝統的体質からすれば、画期的なことであった。

ある職員は「仏教専門の教員が経営学部の学部長になるなんて、こんなことはおかしいんじゃないか」と私に言ってきたが、実は私も長谷川氏が学部長に立候補した際に推薦していた一人であった。自分自身も教養科目担当教員である長谷川氏が学部長になれば、谷教務主任を中心とする学部執行部による、教養科目担当教員への差別的な扱いを下地として起きた未ゼミ生問題の解決のために、教養科目担当教員と谷教務主任一派との間に立ち、パイプ役となって働いてくれると期待していたからである。

もっとも、長谷川氏がその期待に応えてくれたかというと、部分的に応えてくれた面もあれば、残念ながらそうとは言えない面もある。長谷川学部長体制がスタートした後の龍谷大学経営学部では2025年4月、「商学科」という学科を新たに新設し、2学科制とすることになった。旧来のカリキュラムは「経営学科」がほぼ丸ごと引き継ぐ一方で、新設される商学科には「事業創造コース」「マーケティングコース」などの課程が設けられ、「スタートアップ志向型の人間の育成」を行うとうたわれている。25年度に入学が予定されている定員540人のうち、360人が旧来の経営学科、残りの180人が商学科に分かれて学ぶことになるという。経営学も商学も、企業経営のあり方について学ぶ点では非常に似た学問だが、一般に経営学では企業をはじめとする組織の運営手法に焦点を当てるのに対し、商学では企業の生み出す商品やサービスに焦点を当てることに違いがあると言われている。2学科制となれば、さすがに教員を急ペースで補充していくことにはなるであろうし、私から裁判で女性差別を指摘された後だけに、今後は女性教員が増えることも予想できる。後手後手ではあるが、これ自体は望ましい改革だ。

しかしこうすることで、教授会を混乱させ、未ゼミ生問題を引き起こした谷教務主任ら学部執行部と谷氏に追従した一部の教員たち、そして彼らを野放しにした大学当局の責任は永遠にあいまいにされてしまう。このような、責任の所在を不明確にする対応は、今後も似たようなガバナンス上のトラブルを再発させかねないという点で大いに問題がある。

未ゼミ生問題に関心を持った次世代の学生たちは、大学当局と交渉を続けていた。しかし学部教務課の管理職が、「未ゼミ生問題に関心をもつ教職員など、今はほとんどいない」と、学生たちに直々に放言したという。おそらくこの職員の発言は、現在の龍谷大学トップたちの危機意識を、そのまま反映したものなのだろう。

私を相手にした裁判でも大学側は、「未ゼミ生問題はすでに是正された」と主張したが、現実には今もくすぶり続けている。2020年12月23日には、市川さんたちの後輩にあたる後続年代の学生たちが、入澤学長らに新たな要望書を提出し、大学当局に「ホームページ掲載の少人数教育は誇大広告なのではないか」「整合性を欠いたカリキュラムは教学責任の放棄では」などと直訴を行ったのだ。

そして未ゼミ生問題が表明して10年を過ぎた23年3月16日、龍谷大学経営学部の22年度の卒業式が行われた。卒業式では、ゼミに入っている学生たちはゼミ単位で集められ、卒業証書は指導教員から受け取り、そこで社会に飛び立っていくにあたっての励ましの言葉を送られるのが習わしだ。しかし、未ゼミ生に対しては「ゼミ無所属生」という部屋が準備されており、そこで事務局の職員から受け取ることになる。未ゼミ生のなかには、卒業式の場でもそうした差別を受けることに納得ができず、式は欠席し、卒業証書は自宅に郵送してもらう選択をした者もいるそうだ。経済学部、そして法学部でも同様の部屋が準備されていたが、大学側の配布資料によれば、各学部の卒業生は経済学部が４９９人、経営学部は４５４人、法学部は３８９人のところ、経済学部は23ゼミ、法学部は28ゼミであり、20ゼミしかない経営学部に比べれば、未ゼミ生の数は当然ながら少ない。少子化が急速に進んでいる日本では、昔よりは少人数教育が行いやすい環境があり、普通に考えるならば、1人の学生も見放さない教育環境が整備されていてもいいはずだ。しかし、龍谷大学経営学部では真逆の方向に進んできた。そしてその結果、教育の質の劣化が、いよいよ隠しきれなくなっているのである。

市川ゆかりさんたちが展開した署名運動により面目を失い、全国ニュースで報じられて大きく動揺した龍谷大学だが、私が最近、大学首脳陣に近い教員から個人的に聞かされたところでは、龍谷大学は未ゼミ生問題はあくまで「カリキュラム改革」の途中で副次的に発生したものであり、「すでに是正されている」という建前を通すことで、逃げ切るつもりのようだ。

第2章　龍谷大学に潜む差別意識

時代遅れな教養科目差別

第1章で詳しく述べたように、私の「専攻演習を担当したい」という要望が教授会で実質的審議に入ることなく排除された根拠は、初期においては私の龍谷大学における「主たる担当科目」が「教養教育科目」であることだった。しかし、教養科目教員でも専攻演習を担当していることを指摘されると、当局は今度は私が担当していた専攻科目が「固有科目に該当しないから」などと言い出した。谷教務主任の説明によれば、固有科目とは「経営学・会計領域の専門科目を意味する狭義の専攻科目」という意味だそうで、要するに私の専門分野は、谷氏が考えるところの経営学の「本流」から外れると見なされたのだろう。

谷教務主任が学生代表の要望書に送り返した逆質問文書には、「専門性の観点から経営学と無関係の専門分野の教員を演習に割り当てることはありません」とわざわざ書いてあったが、これも在日コリアンの経済活動や外国人労働者を研究する私を念頭に置いての一文である。このような教養担当教員に対する差別にしても、経営学という学問そのものに対する認識にしても、日本の学術界が過去30年以上かけて取り組んできた実績を知っていれば、時代錯誤もはなはだしいと言うほかない。

文部科学省が大学の設置を認可する上で、教員組織や収容定員、教育課程、校地・校舎などの施設設備、事務組織について最低限必要な基準を定めた「大学設置基準」という省令がある。この基準は、大学制度を社会や国民のニーズに迅速に対応可能となるよう弾力化・柔軟化することを目指して、1991年7月に大幅に緩和・改正されている。大学設置基準の「大綱化」とも呼ばれるこの91年の改正により、一般教育科目、専門科目といった開設授業科目の区分や科目区分ごとの必修単位数は、撤廃された。このことを踏まえ、各大学は「一般教育科目」と「専門教育科目」の区別を廃止する方向で取り組んできた経緯があるのだ。「一般教育科目」と「専門教育科目」の区別は、「教育の質」を確保する上での「壁」あるいは「障害」でしかないと見なされるようになり、この障害をなくすことで、すべての教員が積極的に、トータルに学部教育にあたれるような体制づくりこそが、大学教育における大きな課題となったのである。

そもそも、経営学という学問自体、一般には会計学や経営戦略、マーケティングの手法などについての学問と見られがちだが、実際にはそれよりもずっと広い領域をとらえるものである。日本の科学者の内外における代表機関である日本学術会議は、2012年8月に「大学教育の分野別質保証のための教育課程編成上の参照基準（経営学分野）」を公表している。ここで同会議は、経営学という学問が「営利・非営利のあらゆる『継続的事業体』における組織活動の企画・運営に関する科学的知識の体系」であるとし、この「営利・非営利のあらゆる継続的事業体」には「私企業のみならず国・地方自治体、学校、病院、NPO、家庭などが含まれる」と定義している。

さらにその上で、経営学が「営利・非営利のあらゆる継続的事業体と社会との整合性を調整する学問」である限りにおいて、「自然の摂理、人間の本質、社会正義などに関する深い洞察を必要とする。したがって、経営学は教養科目を基礎とすると同時に、それらの知見を営利・非営利の継続的事業体の観点から再構成することにより、経営学自体が教養科目としての意義を持っている」という性格を述べている。

以下、少し長くなるが、日本学術会議「参照基準」のなかの、「市民性の涵養をめぐる専門教育と教養教育との関わり」という箇所を引用してみよう。

（1）市民性の涵養と経営学

教育経営学を学ぶことは、それ自体、市民性を涵養し、良き市民としてふるまうことを可能にする側面を持っている。経営学の視点の一つとして、営利・非営利の継続的事業体が社会全体の変動と整合性を保ちながら発展するよう点検する視点がある。この視点に立つと、営利・非営利の継続的事業体が社会を構成する行為主体の一つとして存続する限り、社会の行為主体として社会の変動に対応して適切に行動しているか否か、あるいは、自然界の制約や人間の本質、社会正義などから逸脱していないかどうかを点検することも経営学を学んだ者が取り組むべき課題となる。

たとえば、地球環境の劣化が人類共通の課題として立ち現われたとき、そのような課題を解決するどのような事業、どのような新製品やサービス、あるいはビジネス・モデルを企画するかを考えるのは、経営学を学んだ者が比較的容易に実行できることである。そのためのベンチャー・ビジネスを立ち上げることも可能であり、あるいはＮＰＯの設立を市民に呼びかけることも可能である。

あるいは、社会正義に反する行為を組織の内部・外部から抑止することに関して、経営学を学んだ者はその知識や技能を生かして貢献することができる。企業が市場経済システムの中で利潤を追求する行動それ自体は、正当な行為として認められている。ただ、そのような行為の中で、もしも人間本来のあり方や社会正義に反する行動があれば、それは是正されなければならない。経営学を学んだ者がその知識を使って、企業に対し企業市民（corporate citizenship）としての行動を求めることにより、その任を果たすことが可能である。したがって、経営学を学ぶことは、良き市民としてふるまうための知、良き市民社会を造るための知を獲得することになる。

(2) 経営学教育と教養教育

経営学を学ぶ者は、経営に関する専門知識のみならず、人間・社会・自然についての幅広い教養を身に付ける必要がある。

営利・非営利の継続的事業体は社会を構成する行為主体の一つであり、全体社会と調和的・相即的に発展する必要がある。その経営者は事業の内容が社会の求める価値に対応しているか、社会の変化に適応しているか否かを常に検討することが求められている。社会や市場の動向を見抜き、事業の内容を変革し、世の中の変化に対応するには、ただ単に組織を効率的に動かすことのみならず、事業体を取り巻く社会それ自体の変化を深く洞察する知識や能力が必要である。組織全体の舵取りをする経営者には、社会の変動に対応できる広い識見と柔軟な発想が求められる。このような広い知識や能力は、専門科目としての経営学のみならず学士課程における教養教育によってその基礎が形成される。

同時に、継続的事業体の存在意義を市民社会の中においてとらえ直すとき、自然界の法則、人間の本質、社会の成り立ち、歴史・文化・宗教など人間が生活する上で必要な基本的諸条件を明らかにする教養教育は、経営学を学んだ者が市民として適切に社会の中で活動するための基礎的条件である。グローバル化が進展している現代の社会で、継続的事業体を取り巻く状況は大きく変容している。異文化の中で生きる人々の考え方や行動を理解したり、そういう人たちとコミュニケーションをとったり、環境や資源の制約が継続的事業体の活動にとって持つ意味を考えながら、グローバルに活動を展開することが必要になっている。経営学を学んだ者が、そのような活動に適切に関与していくためにも教養教育は重要な役割を持っている。

経営学は企業家精神を育成することに貢献することからして、新しい事業の企画において、営利・非営利の継続的事業体を経営する観点から集めた自然の摂理や社会の仕組みについての知見を自己の知識体系に包摂している。自己の事業と社会の持続的発展を調和させる視点で、既存の知識が整理され、他の学問分野とは異なる自然と社会に関する知識体系が提供される。このような意味において経営学は教養科目の一つでもある。

つまり日本学術会議では、経営学はわれわれが生きる社会そのものを深く洞察するための知の一部であるがゆえに、単に専門科目としてのみならず、一般教養科目でもある必要があると考え、「専門教育科目」と「一般教育科目」の区別を超克し、統合することさえ提案しているのである。こうした流れがあればこそ、龍谷大学でも大学設置基準の大綱化以降、教養科目担当教員（当時は「共通科目」担当教員）を学部の専門教育に積極的に活用しようと取り組んできた。そのなかから、教養科目担当教員も学生一人ひとりの「入口（入学）」から「出口（卒業）」までフォローすることが大学の基本方針となり、教養科目担当教員の人事においても、この基本方針が適用されて実施されてきた。私もその基本方針を尊重すればこそ、基礎演習に続いて専攻演習の担当を申し出たのであるし、教養科目担当教員がゼミを担当するのは何ら矛盾はないどころか、むしろ理にかなっているのである。

しかし、谷氏ら学部執行部はこうした経緯を無視し、あくまで自分の思い描く「経営学」像に固執し、その像に基づいた学部運営を行おうとしたのである。

そもそも私が1996年に龍谷大学に採用されたのは、アメリカの大学院で教育学の博士号を取得し、異文化ビジネスコミュニケーションの研究をしてきた経歴により、経営学部において専門教育科目と教養科目の融合に貢献できる人材と評価されたからであった。川端基夫氏はかつて龍谷大学経営学部で教養科目を担当していた教授であり、かつ専攻演習の担当でもあった。2010

年からは関西学院大学の商学部で教鞭を執っている彼が、私の裁判に証拠提出してくれた陳述書には、私が雇用されたころの龍谷大学経営学部の客観的な状況について以下のように書かれている。

1990年代中頃には、「設置基準の大綱化」の流れを受けてこれからの共通科目担当者は専門科目を担当できることが望ましいという「空気」が学内に広がっていました。

それまでの共通科目の人選は、共通科目の担当能力だけで判断されてきましたが、この頃になると、「可能なら専門科目も担当できる人」が選ばれるようになりました。すなわち、共通科目と共に、学部の専門科目か共通コースの専門科目も担当でき、専門教育にも貢献できる人が望ましいという考え方です。この頃から、募集要項にも「学部（あるいは共通コース）の科目が担当できることが望ましい」といった記載がなされるようになりました。

1995年頃だったと記憶していますが、経営学部の英語（共通科目担当者）の採用人事が行われました。その際には、共通科目の英語と共に、学部専門科目の英語関連科目（英語コミュニケーション系）や共通コースの英語コースでの専門科目なども担当できる人が望ましいとされました。

その結果、選ばれたのが李教授でした。私は当該の英語の人事には直接かかわってはいませんでしたが、採用を決する経営学部の教授会での審査報告を聞いた記憶では、李教授は共通科目の担当者ではありましたが、共通コースや学部の英語コースの英語関連の専門科目も担当可能な人物として評価され、採用されていました。李教授は商学部の出身であり、ビジネスの場での通訳経験も豊富でビジネス英語にも精通している人材であったことから、経営学部の教育への理解が期待できることも評価されていたと記憶しています。当時の経営学部では、学生の実用的な英語のコミュニケーション能力を高めるニーズが存在しており、経営学部長（当時）も、これまでの英語教員とは異なり、学部の専門教育でも活躍してもらえる人が来てくれた、と非常に喜ばれていたことが強く記憶に残っています。１９９０年代の後半以降に採用された共通科目の教員は、おしなべて学部や共通コースの専門教育を担当可能な人材が選ばれていました。こうして、改革の流れは、採用人事面にも反映されるようになっていきました。

川端教授の証言してくれた内容についてなるべく丁寧に説明するため、ここで私の経歴を詳しく紹介しておきたい。

私は１９５３年2月に大阪で生まれた。いわゆる「旧植民地出身者」の末裔の一人である。私は生まれた時点では日本国籍を所持していなかったが、１９５２年4月28日まで、法律上在日朝鮮人は日本国籍を保持していた。しかし１９５２年4月28日にサンフランシスコ平和講和条約が発効となり、法務部民事局長通達により旧植民地出身者は本人の同意とは無関係に日本国籍を喪失することになったのである。

戦前の日本政府は、植民地の人々を「外地戸籍」に、いわゆる「純血種」の日本人を「内地戸籍」に分け、「内地人」と「外地人」という実質的な差別を維持しつつも、植民地である朝鮮や台湾の人々を表向きは日本人として扱っていた。それを敗戦から7年もたったある日、後者を法的にも「外国人」として扱うと突然決定し、外国人登録令下に置いたのである。この旧植民地出身者に対する国籍処理は、国際法上も違法性が高い措置として当時から国際的に批判されているのだが、その事実を知る日本人は少ない。

1965年6月22日に日本と韓国の国交が正常化されると、私の両親は韓国を自国として選択した。そのため、生まれてから12歳まで無国籍状態だった私は、同年に初めて国籍を得て、「韓国籍」ということになった。当時その選択をしなかった人たちとその子供、孫の世代は「朝鮮籍」と位置付けられて、いまなお無国籍者として扱われ、さまざまな生活上の不便をこうむっている。

在日コリアン・李洙任の歩み

私の実家は、特に浄土真宗の門徒（檀家）だったわけでもないのだが、どうも私は浄土真宗系の学校と縁が深い。小学校卒業後は真宗大谷派が運営する私立学校であり、女子中学、高校の一貫教育を実施している大谷中学校に進学し、同校の牧歌的な雰囲気のなかで中高の6年間学んだ。その当時、在日の子女はどれだけ成績がよくても、私学への合格は難しいという噂があった。しかし、大谷中学に関しては分け隔てせずに在日コリアンに対応しているという評判が当時からあり、後で聞いたところによると、実際に総生徒数300人のうち、在日コリアン家庭の生徒が少なくとも数人はいたようである。もっともだからといって、在日であることをわざわざカミングアウトする生徒は誰もいなかった。皆が通称名で通っていた。私も中高の6年間は通称名で学校に通い、在日コリアンとしてのルーツは、18歳までひた隠しにしていた。

ところが高校の卒業式を控えていたある日、大きな転機が訪れた。担任の先生から、それまで名乗っていた日本名の通称名ではなく、「あなたの本名、民族名である『李洙任』の名義で卒業証書を受け取らないか」と提案されたのである。この決断は、私にとって踏み絵のようなものだった。しかし、迷った末に本名で卒業証書を受け取ることにした。高校時代に担任の教員に恵まれたおかげで、自分のアイデンティティに向き合うための最初のステップを踏むことができたのだった。

また、当時は日本人の級友たちの多くが系列の大阪大谷大学に進学することが決まっていたのに対し、私はキリスト教系の同志社大学商学部への進学が決まっていた。級友たちとは異なるものの見方、考え方が、少しずつ私のなかに生まれつつあった。そのことも、18歳のときにアイデンティティにかかわる決断をできたことが、少なからず影響していたと思う。

同志社への進学を決めたのは、創設者・新島襄に象徴される同学のグローバルな視点に惹かれたからである。そして商学部を選択したのは、女性であっても世界を股にかけたビジネスの場で活躍したい、できると夢みていたからだった。

入学後は、金融論が専門の故・岡村正人教授のゼミに入った。岡村氏のゼミは大手金融機関への就職率が高いという理由で競争率が高く、商学部のなかでもとりわけ人気があった。そして入ってみると、25人のゼミ生中、女子学生は私1人だけだった。岡村ゼミには「正志会」という名の同窓会があり、この会には当時500人近くの会員がいた。OBのなかには、すでに金融関係の重職についている人も多く、研究者になることを選んだ先輩も学会の熾烈な競争を勝ち抜き、目覚ましい活躍をしていた。そうした先輩たちの姿を見て、私も卒業後は金融機関に入社し、そこで外為関係の仕事に就きたいと志していた。

ところがそんな私に、出自ゆえの就職差別が容赦なく立ちはだかった。大学の就職課を訪ねて金融機関への就職について相談すると、職員からはあからさまに差別的なイントネーションで、「チョーセンジンは大手銀行には就職できないよ」と、淡々と説明された。私は皮肉を込めて、「私はチョーセンジンではありません。日本で生まれ育った韓国系住民です」と、職員と同じイントネーションで発音しながら反論したが、らちがあかなかった。そして実際、「李」という本名を履歴書に書いて大手金融各社に応募しても、ほとんどの場合、書類選考にさえ通らなかった。

一方、同じ岡村ゼミにいた男子学生たちは特に就職活動で苦労するでもなく、銀行、商社、証券会社などの内定を次々と決めていた。その姿を横目で見ながら、私はアメリカの大学院への進学を志した。成績がよかっただけに岡村教授からは惜しまれたが、私の力ではどうしようもない問題だった。差別は、住居、結婚、就職の場面で牙をむく。「制度的差別」と呼ばれるものである。当時は女性や外国籍住民の人権が、今日以上に軽視されていた。それゆえに、制度的差別という概念も認知されていなかった。私がこの概念を知ったのは、後に留学した米国の大学で受けた講義においてである。そのとき、かつての自分の経験を初めて客観的に理解することができ、目を見開かせられたように感じたものである。

話は前後するが、私は同志社商学部で岡村ゼミ以外に、もう一つ別のゼミに所属していた。当時の同志社商学部では2つのゼミを履修できる制度があり、スペイン古典文学の専門家で、商学部ではスペイン語の授業をしていた故・大島正教授のゼミにも入っていたのである。当時の私は、国際化の時代に向けてスペイン語やスペイン語圏の国々にも興味があり、私以外の3人のゼミ生(私のほかには女子学生2人、男子学生1人で、総勢4人という陣容だった)も、ヨーロッパの経済や経営事情に関連する指導を期待して入ったようだった。

しかし大島ゼミで実際に行われていたのは、鴨長明の『方丈記』を音読したり、『ドン・キホーテ』と『源氏物語』を比較文学論的に解読したり、といった授業であった。方丈記を音読する意図を図りかねて私たちゼミ生が質問すると、大島教授は「お前たちが大人になったら理解できる。だから今は、とにかく大きな声で方丈記を音読しなさい」とだけ答えるのだった。教授本人の口からはそれ以上のことは聞けなかったが、私たちゼミ生は指導教官としての彼を信頼し、敬愛もしていた。実際、彼が起こした行動が彼本人の類まれな知性と胆力を裏付けていただけに、素直に従ってもいた。何しろ大島氏はその当時、日本政府を相手どっての裁判闘争に挑んでいたのである。

大島教授は、当時の所得税法が、企業や個人事業主などが事業から得る事業所得には必要経費の控除を認めているのに対し、サラリーマンなどが得る給与所得には控除が認められていない点、さらに給与所得とほかの所得の捕捉率には大きな格差があり、給与所得者は著しく不利益な取扱いを受けていることなどを問題視し、この所得税法の規定は法の下の平等を定めた日本国憲法第14条に照らして無効だと主張していた。俗に「サラリーマン税金訴訟」と呼ばれる裁判の、原告だったのだ。しかし、仮に全面勝訴したとしても、たかだか数十万円の還付金が手に入るにすぎない。なのにこの裁判に、大島氏は1000万円近い私財を投じた。一審、二審では敗訴となり、最高裁上告中に、彼はがんによって65歳で死去した。裁判は、遺族が引き継いで戦った。結果的に訴えは棄却され、敗訴にはなったが、大島氏の裁判での主張は税制度が見直されるきっかけをつくり、その後の抜本的税制度改革に、広範な影響をおよぼした。現在、このサラリーマン税金訴訟は、会計制度や税務に携わる実務家・法律家たちから、歴史的に重要な裁判として認知されている。

私はこの大島教授から、人生の師として大きな影響を受けた。学生時代に起業をした際にも、大島ゼミでの経験は非常に役立った。学生時代の私はアメリカ留学を志していたものの、両親が反対していたため、金銭的な支援を頼れなかった。よって、独力で留学資金を貯める計画を立てた。しかし、アルバイトで留学資金を貯めるとなると、時間がかかりすぎる。だったら自分で事業を立ち上げるほうがいいだろうと考えて自宅で始めたのが、小中学生を対象とした学習塾の経営だった。この塾は大盛況となり、入れ替わりはあったが１００人近い子供たちが入塾し、母が「2階の床が崩れる」と、よく愚痴をもらすほどになった。

私が自分の塾を流行らせることができた理由はいくつかあるのだが、１つ目の理由は、算数や数学の授業で子供たちの実生活に関係ある独自問題をたくさん出題し、彼らの学びへの関心、意欲を引き出せたからだった。２つ目の理由は、子供たちが自分の成績を客観的に把握できるよう、小学生であっても成績をグラフ化させ、自分自身で分析させたことだった。今でいう「個人プロフィールの徹底化」をアナログ手法で実践していたことになるが、この教育法は今に至る私の教育法の根幹になった。そして最後の一つが、大島教授から学んだことだった。英語に関しては徹底的に英文の音読をさせ、「話す」「聞く」ことを重視し、英語で自分を表現するよう指導したのだ。

幸か不幸か、当時の大学は依然として学生運動の影響が残っており、授業が休講になることが多く、テストはレポート提出のみで卒業式もなかった。そのため、学生の身分でありながら塾経営に集中できる時間が確保でき、平均的なサラリーマンの月収より多く稼ぎ、2年間で十分な留学資金を貯めることができた。大島教授にそのことを話すと大変喜び、「お前には商才がある。塾を株式会社にし、チェーン塾を始めろ」と強く勧めてくれた。しかし、「私は在日韓国人なので、教育産業で起業しても会社を大きくするのは難しいでしょう」と話すと、「そうか、日本人として謝罪する」と頭を下げられた。日本を発つときには、「立派になって日本に帰ってこい。お前のような優秀な人材を逃したことを、日本中が後悔する時が必ず来る」との言葉をくれ、留学中には激励の手紙を何回も送ってくれた。

2003年に刊行され、発行部数450万部を突破し、戦後5番目のベストセラーにまでなった『バカの壁』という本がある。この本の著者、養老孟司氏は、世の中において、自分にとって興味のある情報しか見ようとせず、かつニュースなどの情報を鵜呑みにして、「わかったつもり」になっている人がいかに多いかを指摘し、さらに日常で見られる、知りたくないことに耳をかさない人間に話が通じない例をそのまま広げた先に、戦争、テロ、民族問・宗教間の紛争があるとの見解を述べている。養老氏の論は教育問題にも踏み込んでおり、学問とは生きているもの、生々流転するものをいかに情報に換えるかという作業であると主張している。私が養老氏のこの考えに強く共感するのは、私自身が昔から大切にしてきた教育観・研究観と大いに重なるところがあるからだ。

わかったつもりの「バカの壁」を乗り越える困難は並大抵のものではないが、自身はスペイン文学者でありながら税制度の欠陥にその分野の専門家よりも早く着目し、実際に裁判を通じて後の税法改正に結びつけるだけの理論を構築した大島教授は、専門性を妄信する人々が築いた「バカの壁」を乗り越えた実例と言える。その姿を見てきた私は、専門性の壁に閉じこもることの危うさを、人生の早い段階で学ぶことができた。

私がここで大島教授のことを紹介したのも、同志社大学商学部では1970年代においても教養科目教員、そして専攻科目教員の隔てなくゼミを開講でき、学生たちが履修できたこと、そしてゼミという場が単に専門知識を学ぶだけでなく、教員と学生たちの関係性を通じ、社会や人生について学ぶ場であったことを実例をもって示したいからである。大島氏が私の指導教官であったことを龍谷大学の経営学研究科の学生たちに話すと、「教科書にでてくる、あの大島ケースの原告ですか?」と、驚いた様子で聞きかえされることがよくあった。しかし、龍谷大学経営学部の会計分野を専門とする教員からは、そのような反応は一度もなかった。

私は1975年に同志社大学商学部を卒業し、そのまま移民する覚悟で渡米した。この留学中に、カリフォルニア州立大学ロサンゼルス校(UCLA)大学院でTESL(Teaching English as a Second Language)、つまり英語を母語としない人へ英語を第2言語として教えるための資格を取得し、これをもとに移民に英語を教えたり、日本語教員や通訳として働いたりしながら、米国滞在中の生活費を稼いだ。

その後はボストンに渡り、ボストン州立大学(1982年にマッサチューセッツ大学ボストン校と合併した公立大学)の語学教育プログラムで、教育学の修士号を取得した。ボストン滞在中には、現在も配偶者であるイラン出身の留学生と知り合って結婚し、間もなく長女を授かった。その後は夫の母国であるイランで生活する予定だったのだが、80年にイラン・イラク戦争が勃発してしまい、戦火のなかで幼子を育てることは考えられなかった。思案の末、在日コリアンへの差別も昔よりはマシになっているだろうと思い、同年、日本へ帰国した。帰国後は、英会話学校の運営会社に入社し、カリキュラムのデザインや教員の研修、教科書の出版などに従事するかたわら、英語指導の実務経験を生かしたいと考え、86年から大阪女学院短期大学で、非常勤講師を務めた。

そして1996年、国際ビジネスにおいての経験が豊富であったことと、実践的な英語力を教授できる経営学部に適した教員として、龍谷大学に助教授として迎え入れられたというわけなのである。なお、2022年にはテンプル大学日本校の英語教育学博士課程を修了し、教育学の博士号を取得している。

以下、私の研究者としての業績を紹介したい。谷教務主任が主張するように、私には専攻演習を担当する資格がないのか、読者の皆さんに十分な材料をもって判断していただきたいからだ。

私は龍谷大学着任後、英語のほか専攻科目の「英語ビジネスコミュニケーション」を担当し、グローバル市場で使える英語力と異文化交渉力の重要性を学生たちに説いてきた。学部だけでなく、大学院レベルの講義も任されており、経営学研究科でビジネスコミュニケーションを担当していたほか、英語で授業ができることから、法学研究科、経済学研究科、国際学研究科の授業を依頼される機会も多かった。龍谷大学がＪＩＣＡ（独立行政法人国際協力機構）から受け入れた研修生たちも、指導していた。講義内容は大学からも高く評価され、採用された3年後の1999年11月7日には、同日付の朝日新聞に掲載された龍谷大学の広報記事で、京都大学名誉教授の森毅氏とともに私が登場し、経営学部において国際ビジネスで通用する英語力を身につけることの重要性を説いている。この教育活動において学生たちとつくり上げた成果は、『自分に自信がない若者たちに向けて　ボトムアップのダイバーシティ・マネジメント』（２０１８年）、『無意識の差別からの脱皮』（19年）、『大学生が見た新型コロナウィルス』（20年）などの共著書（電子書籍）の形で刊行している。

博士学位を取得した英語教育の分野においての英語教育関係の研究・教育成果は多数あり、２００７年のＴＯＥＩＣ研究（ビジネス英語テスト）の成果が、ＴＯＥＩＣの運営元である米国の独立系非営利団体（Educational Testing Service）によって認められ、同団体が認定する「グローバル・スカラー」に選ばれた。経営学部のニーズに沿った専門領域に関しても、「国際ビジネスでの英語力と交渉力」「外国人労働者の人権」「女性と社会的弱者のための経営学」「生き残りをかけての経済活動　孫正義を生み出した起業モデル」などのテーマで授業を行い、論文や著書の刊行物は、国内外で一定の評価を受けた。03～04年にかけてはハーバード大学からビジティング・スカラー、スタンフォード大学からビジティング・フェローとしての招聘を受け、両大学から研究助成金も受けている。また、「在日韓国、朝鮮人の経済活動」（06～08年）、「日本の移民政策に連動する帰化制度のあり方」（09～11年）、「他者への共感力を高める英語教育　学習者の積極的関与」（15～17年）の研究代表者として、科学研究費助成事業に採択された。

これまで出版した本には英語教育関係のものが多いが、それ以外の分野において、『グローバル時代の日本社会と国籍』（田中宏・一橋大学名誉教授との共著、明石書店、２００７年）、『在日コリアンの経済活動　移住労働者、起業家の過去・現在・未来』（編著、不二出版、12年）、『安重根と東洋平和　東アジアの歴史をめぐる越境的対話』（共編著、明石書店、17年）、『奪われた在日コリアンの日本国籍』（単著、明石出版、21年）などの著作がある。

このような業績が認められ、２００８年には公益財団法人国際文化会館と独立行政法人国際交流基金との共同事業国際交流基金により、同年度のアジア・リーダーシップ・フェロー・プログラム（Asia LeadershipFellow Program／ＡＬＦＰ）の日本フェローに選出された。ＡＬＦＰは、アジアにおける市民社会のネットワークづくりを目的とし、国際交流基金と国際文化会館が１９９６年度から共同で実施している事業である。18年度までの間に、アジア諸国・地域で際立ったリーダーシップを発揮している知識人の中から毎年６～７人を選んでフェローとして招聘。選ばれたフェローたちは、東京都港区の国際文化会館に滞在しながら意見交換を中心としたワークショップなどを行い、国家や専門分野の枠を超えた信頼関係の醸成と、域内のネットワーク形成に寄与してきた。本プログラムには、これまでアジア17カ国・地域から１３９人のフェローが参加しており、00年度には、後にソウル市長になった朴元淳氏も韓国のフェローとして選出されている。

２０１３年には、龍谷大学に戦前の韓国独立運動家・安重根の遺墨（生前に書いた書）が所蔵されていたことから、この遺墨を東洋の平和友好に利用することを目指して同僚たちと、「安重根東洋平和研究センター」を創設、そのセンター長として、平和交流に取り組んできた。

知ってのとおり安重根は、１９０９年に日本の初代首相にして韓国統監の伊藤博文を中国黒龍江省のハルビンで撃った人物である。韓国では今なお抗日闘争の絶対的な英雄と見られているのに対し、日本では保守派を中心に単なるテロリストとして扱われ、２０１４年にハルビンに中国・韓国政府が合同で安重根記念館を開設した際は日本政府が正式に抗議するなど、その評価には内外できわめて大きな落差がある。しかし、安が伊藤を撃つと決めた動機に、朝鮮民族の独立だけでなく、中国や日本を含めた東アジア全体の平和への願いがあったことは間違いない。また、彼が旅順監獄に投獄されていたわずか5カ月ほどの間に、その学識と人格によって多くの日本人看守たちを感化し、「朝鮮の志士」として深く敬愛を集めていたことも、歴史的な事実である。

旅順監獄で安の監視を担当していた看守の千葉十七は、当初は伊藤を暗殺した安を憎んでいたにもかかわらず、実際に彼と話をするようになるとすぐにその思想と人柄に魅了され、親友のような間柄となった。処刑前には安から「東洋に平和が訪れ、韓日の友好がよみがえったとき、生まれ変わってまたお会いしたいものです」と語りかけられ、その後は人生を通じて安の供養を欠かさなかったという。また旅順監獄の典獄（刑務所長）であった栗原貞吉も安に感化され、法院長や裁判長にかけ合って、助命嘆願まで行っている。

このようにして安が獄中で日本人看守たちから見守られ、筆、墨、紙などを提供されながら処刑の直前まで執筆していたのが、彼の主著『東洋平和論』である。ここで彼は日本、中国、大韓民国の人民が、お互いの言語を習得し、理解し合うとともに軍隊をも共有する、一種の地域共同体を形成することで、東アジアの平和を維持すべきと提唱していた。ＥＵ（欧州連合）を80年以上先取りしたような構想を、彼は東アジアで実現しようと考えていたのである。

一方で獄中の安は、看守や訪ねてくる人々から頼まれるまま、「論語」や「中庸」などの古典から警句を抜き出し、書にして贈ることがあった。そのようにして安の書をもらい受けたなかに、明治期に旅順に派遣され、やはり安と交流していた浄土真宗本願寺派の僧侶・津田海純がいた。津田は安の死後、遺墨となったそれらの書を秘密裏に日本に持ち帰り、その後は津田が住職を務めていた岡山県の寺院・浄心寺で長く保管していた。それが戦後の１９９７年、後継の住職により、龍谷大学に寄託されることになったのだ。

不仁者不可以久處約（仁愛の心を持たぬ者は逆境に耐えることができない）
敏而好学不恥下問（敏にして学問を好み、目下の者に教えを請うのを恥としない）
戒慎乎其所不睹（君子は他人が見ていないところでも戒め慎む）

こうした書が、この時に寄託された安の遺墨である。
これらの遺墨は寄託後、しばらく龍谷大学図書館に所蔵されていたが、その後これらをより有効に活用し、『東洋平和論』をはじめとする安の平和思想についても、その今日的な意味を問い直していこうという目的のもと、２０１３年４月に「安重根東洋平和研究センター」が設立された。そしてその初代のセンター長を、私が拝命することになったのである。

同センターでは平和教育として、「東アジアの未来」という講義を龍谷大学で定期的に開講しており、人気講座になっている。この講義の背景には、ワンアジア財団（現ユーラシア財団）の支援があり、同財団の支援のおかげでさまざまな講師を海外からも招聘でき、学生たちが日本にいながら、多様な意見に触れる機会をつくることができた。現在は政策学部の奥野恒久教授、農学部の中田裕子准教授が講義を継承し、奥野氏はセンター長のバトンを私から受け取り、平和教育に尽力してくれている。

私自身も安重根東洋平和研究センターの事業を通じて、『共同研究 安重根と東洋平和 東アジアの歴史をめぐる越境的対話』（李洙任、重本直利編・著、龍谷大学社会科学研究所叢書刊）と『安重根・「東洋平和論」研究 21世紀の東アジアをひらく思想と行動』（龍谷大学社会科学研究所付属安重根東洋平和研究センター・李洙任教授退職記念刊行委員会・編著、明石書店刊）という、安重根の東洋平和論に関する共著書を同僚たちと2冊執筆し、刊行することができた。この両著書のベースになっているのは、現在センターに所属している二十数人の研究員たちの、日ごろの研究成果である。こうした研究活動が評価されたことにより、２０２１年には韓国ソウルの「安重根義士紀年館」からセンターに、平和賞が与えられた。

いずれにしても、私は龍谷大学の教員として以上のような研究活動を行い、社会的な評価も受けてきた。ここまでの間、なぜこれほど個人的功績に関することをくどいほどに書き連ねたかというと、大学院レベルの学生を教授してきた私が、学部生を教授できないという理屈は常識から考えてもおかしいということを、読者に理解してもらいたいからだ。ましてや何度も言うように、龍谷大学では個々の教員が学生たちの入学から卒業までフォローすることを基本方針としているのだから、この方針に沿って専攻演習を担当しようとした私の要望をはねつけたのは、不合理そのものなのである。

さまざまなハラスメント事案

また、私は2021年4月1日に龍谷大学から「名誉教授」の称号を授与された。龍谷大学経営学部の奇妙な点の一つと言えるが、同じ龍谷大学でも経営学部以外の学部では、勤務10年以上の教授は退職時に執行部推薦のもとで名誉教授号が授与されるようになっているのに対し、経営学部だけは授受の可否を教授会の投票で決めるシステムを採用している。この仕組みを私は、自分が当事者になるまで知らなかったのだが、なにしろ2人の学長経験者と教務主任を相手に裁判を起こした身だけに、特に谷氏とその取り巻きが一体となって、この称号授与の妨害をしてくるであろうことは予想していた。

投票の結果は拒否が3票、白票が4票で反対票合計が7票となり、半ば予想通りではあった。授与可決の条件である「教授会構成員の半数」以上の賛成票は得ていたので、名誉教授の称号は無事に授与されたが、これが仮に授与可決の条件が「構成員の3分の2」などとなっていれば、ギリギリでの否決もないとは言えなかった。

この名誉教授称号の問題に関しては、仮に私が現在でも日本式の通称名を名乗っていた身であれば、さほどこだわっていなかったかもしれない。しかし、李洙任という民族名で帰化したことで、現在はこの称号を、単に私一人のものではなく、コリア系日本人女性が長年日本の大学で教鞭を取っていたことの証として、大事にしたいという気持ちがある。また、経営学部の現状の投票制度のままでは、対象となる教員にいくら立派な実績があろうと、時の権力者である学部執行部ににらまれれば、公平に評価されない可能性もある。よって、後に続く教員たちのことを考えれば、この件についても問題提起しておかないわけにはいかない。

名誉教授号の授与に関して経営学部のような仕組みがあることは、教授会の構成員の心理に、「学部執行部ないしは教授会の多数派に逆らえば、同僚や先輩教員が受けてきた名誉教授号を自分だけが受けられないかもしれない」というプレッシャーを、当然ながら生む。学部執行部への忖度を強いる道具となりかねないのだ。これは昇格人事においても同じことが言える。教授や准教授への昇格が学問的業績ではなく、学部執行部に従順であるか否かという観点で決定されてしまうならば、当局がおかしなことをしていても、教員たちは異議申し立てができなくなる。

私の裁判の支援者の一人に、かつて2011年から13年まで龍谷大学経営学部の学部長を務めた重本直利氏がいる。彼は自身の学部長時代に、教員採用に関して縁故採用がはびこる温床となっていた学内推薦制度を撤廃し、公募制を導入した。教員が一丸となって入口(入学)から出口（卒業）まで学生の指導にあたるという、龍谷大学の基本方針を実践していた人でもあった。その重本氏は龍谷大学を退職するにあたって、名誉教授の称号を辞退している。この選択について本人の意図を直接問いただしたことはないが、授与を辞退することで、経営学部教授会のあり方に一石を投じたかったのかもしれない。

いずれにしても谷氏の理解では、私は「高度な経営学を教えられない教員」だという。そもそも「高度な経営学」とは、意味不明の表現である。加えて教授会はさまざまな専門・専攻分野の教員から成り立っており、急激に変化する社会に対応するため、教員の専門分野の多様性が担保されることが重要となる。それを谷氏は、「高度な経営学」や「狭義の経営学」といった言葉を自分でつくり上げ、教授会で連呼し、私の専門分野を軽視し、研究者としての名誉を傷つけたのである。

私は未ゼミ生問題が放置されていた根本的な原因の一つに、龍谷大学経営学部の学部執行部が根強く持つ教養担当教員への差別意識だけでなく、大学全体に巣食う女性差別もあったと感じている。私を専攻演習から排除した者たちの意識の根底にあったのは、「語学担当には専門教育などできないだろう」といったステレオタイプな意識と、「教養科目教育よりも専門科目教育のほうが格上である」という、無意識の差別、そして執行部のメンバーたちが根強くもつ女性差別意識が絡み合った複合差別であった。もっともこういった差別意識、特に女性差別意識に関しては、とらわれている当人も気づいていないことが珍しくなく、だからこそ根が深いといえるのだが、ふとしたことで、そうした本音は噴き出してくるものである。

私の裁判のために、龍谷大学経営学部において過去行われてきた、壮絶なセクハラの実態を明かしてくれた教員がいる。１９６６年４月にドイツ語およびドイツ文学の教員として龍谷大学に着任し、２００４年３月に定年退職した中山淳子名誉教授である。

かつての龍谷大学では、教養科目教育は「共通科目教育」と呼ばれており、共通科目担当の教員は社会科学の研究者であろうと自然科学の研究者であろうと関係なく、全員が文学部に一括所属させられる仕組みだった。中山氏も着任当初は、文学部に所属していた。ところが１９８０年代半ばに組織変更があり、文学部内に置かれていた「教養部」が解体されて、共通科目担当の教員は文学部、法学部、経済学部、経営学部の各学部に分属することになった。当時５人だけいた女性の共通科目担当教員は、文学部、法学部、経営学部には各１人ずつ、経済学部にだけ２人が振り分けられ、その際、本人たちの意向は問われることがなかったという。

それから私が着任する１９９６年まで、中山氏は経営学部の唯一の女性教員として、長いあいだ同僚の教員たちから執拗なセクシャルハラスメントを受けてきた。そして彼女は私が裁判を起こすにあたり、そのハラスメント体験を陳述書に書いてくれた上で、私がゼミ担当の申し出を受けいれられなかった背景にも、徹底的な女性差別と女性蔑視があると裁判所に訴えてくれた。

中山氏が書いた陳述書から、そのセクハラの具体的事例を抜き出し、読者にわかりやすいように再構成すると、以下のようなものになる。

中山氏の夫は、さる大学の工学部助教授をしていたが、先天性脳動静脈奇形による脳出血のため、１９７９年10月20日に開頭手術を受け、1年近く入院した末に右片麻痺という身体の障がいを持つことになった。最初の手術から13年後の92年には前回の手術でつけた人工硬膜が外れてしまい、胃のあたりにある大網という膜の生体移植手術を受けるもそれが原因で感染症となり、死線を彷徨うことになった。

そしてそのことを知った当時の学部長は、あろうことか中山氏に「大変だね。気晴らしが必要だね。僕と一緒にストリップを見に行こう」と誘ってきた。中山氏によると、この学部長は非常勤の女性職員に次々と声をかけ、誘いを断ると悪口を言いふらすクセがあることで知られていたという。

ある時期に開かれた経営学部教授会の宴会に中山氏が出席すると、隣に座ったのが、当時の学部内でいずれ学部長になると噂されていたA教授だった。このとき中山氏はまだ夫が存命であり、A教授も中山教授が結婚していることは知っていたが、それにもかかわらず酒席の場で「この後、一緒にどこかに行こう」と誘いをかけてきたという。

A教授がトイレに立ったタイミングを見計って宴会を抜け出した中山氏だったが、帰宅すると、その日の深夜12時すぎにA教授から自宅に電話がかかってきて、「(中山氏に) 逃げられてみんなの前で恥をかいた。明日付き合え」「その次の日はどうか」となおも強引な誘いを繰り返した。中山氏がそれらをすべて拒絶すると、「これから仕事の面でガンガンやっつけるから、そのつもりでおれ！」と恫喝されたという。

A教授からはその後も深夜に電話がかかってくることが何度かあり、あるときは中山氏の夫が出て「こんな時間に何事ですか」と問うたが、その際も「奥さんに電話があったことを伝えてくれ」と平然と答えて切った。同じ時期には無言電話も何度かあったという。最終的に嫌がらせが終わったのは、中山氏が相談におもむいた大阪弁護士会の助言に従って電話に録音器を取り付け、さらにその旨をA教授に伝えた後だった。

経営学部の教授会で遠出した先の博物館のような場所の暗闇で、同僚の男性教授が中山氏の頬に突然キスをしてきた。中山氏が怒って抗議すると、「なんだ、うれしいくせに」と侮辱した。

中山氏は、以下のように陳述書を締めくくっている。

私が李裁判の陳述書を書く決心をしたのは、セクハラ行為は女性蔑視観が根底にあり、男性中心社会の中で女性教員が虐げられる環境にあるということを訴えたいからである。李洙任先生とは8年間ほど一緒に働いたが、経営学部の女性教員数は極めて少なく、少数派の女性教員は軽視されがちでハラスメントを受けやすい状況にありました。

李先生は学部貢献のために身を粉にするタイプで、対話を重視され、学部の発展に貢献されていたのを覚えています。今回多くの未ゼミ生が生まれ学生たちの被害は甚大でした。李洙任先生は、学生の被害を自分の被害のようにとらえられたのは彼女の性格からよく理解できます。そして、同じ条件の、いわゆる教養科目担当教員である川端先生、横山先生、正木先生（仮名）、塚本先生（同）が教養科目担当教員であってもゼミを担当されており、専攻演習を教えるための審査などなかったことを知っています。明確な理由もなく差別扱いされるのは理解できません。

しかし、李先生にゼミを担当させず、徹底的に嫌がらせをした被告たちと大学が抱えている問題の背景は女性蔑視です。セクハラ行為には即罰則が与えられますが、少数派の女性教員にとってハラスメント問題委員会に訴えても是正されないどころか、さらに嫌がらせを受けるかもしれないので、告発できない女性たちは少なくありません。今や環境型セクハラや巧妙に女性の成長を妨げる文化で、その根底にあるのは「女性蔑視」そのものである。私は李先生のゼミ担当を阻害した「理不尽な理由」とは女性蔑視であることを裁判官にお伝えしたく思います。

私は経営学部では、中山氏に続いて雇用された歴代で2人目の女性教員である。勤務期間も8

年ほど重複しているのだが、中山氏とは世代が異なった上に、私の在職中の中山氏は教員生活に配偶者の介護も加わって、大変に多忙であった。ゆえに、彼女と親しく話をする機会は、得られずじまいであった。にもかかわらず、裁判にあたって多大な支援をしてくれたことには、本当に感謝しかない。

その中山氏の配偶者は、最終的にコロナ禍の最中に病院で亡くなった。龍谷大学に在職中の中山氏は、ご自身はかなり小柄で華奢な体形であるにもかかわらず、よく車椅子の配偶者を大型車に乗せ、同伴して大学に通勤していた。そうすることで、配偶者の介護とリハビリを兼ねていたのである。私はそうした中山氏の姿を当時から敬意を持って見ていた。しかし、経営学部の男性教員たちの一部は彼女が置かれた立場を理解しようとせず、むしろ障がいを持つ家族を大学に連れてくることを、白い目で見る空気さえあった。

それ以外にも龍谷大学でセクハラ事件などが多発していることは、私自身も25年におよぶ在職中に、数多く見聞きしてきた。それらは多くの場合、被害者側のプライバシーの問題もあるのでそう簡単に明かすわけにはいかないのだが、本書の刊行元である宗教問題社が発行している季刊雑誌『宗教問題』の2023年夏季号には、そうした例の一つがレポートされている。

2013年ごろに、当時の某学部教授だったある男性教員が、女子大学院生に対して博士論文の指導をする見返りとして、性行為を要求する事件があったという。この記事によれば、問題の教授がこれほど無茶な要求ができた理由のひとつには、その学部でこの院生の研究テーマを指導できるのが同教授以外におらず、彼女にとっては選択の余地がなかったからだという。悩んだ院生は、学内のハラスメント問題委員会に告発し救済を求めたものの、そこから調査が1年近くかかったこともあり、最終的に退学してしまったそうだ。

なおこの事案の調査中、当時修士過程だった別の女子学生も同じ教授からセクハラを受けており、やはり委員会に告発するということもあったようだ。この2人目の被害者が名乗り出ていなければ、調査はより難航していた可能性もあるという。さらに同じ記事では、龍谷大学のある女性准教授が教授昇進の審査を受けるたびに査読付きの論文をこき下ろされ、昇進を見送られているという例も紹介されている。

査読とはその論文の執筆者と同じ分野の研究者に論文の内容を評価してもらうことであり、査読を担当した研究者が一定の水準をクリアしていると判断されたものだけが、学会誌に掲載される。記事でも指摘されているが、査読付き論文を部外者が批判するというのは、その執筆者が所属する学会への批判にもなりかねず、あまり聞く話ではない。また、そうした審査のやり方を男性教員に対しては行っていないのに、女性であるというだけで行っているのであれば、ますます問題である。

『宗教問題』誌の同記事は、龍谷大学が女性教職員の採用に関して消極的であるとも指摘している。文部科学省では2022年度から国内の国公私立大学、国立研究開発法人を対象に、上位職(学長、副学長、教授)への女性登用を促進する取り組みに対して、1年あたり7000万円を上限に助成金を支出する「ダイバーシティ研究環境実現イニシアティブ」を実施している。これは、主要国の女性研究者の割合が英国38・6％、米国33・7％、フランス28・3％、ドイツ27・9％、韓国20・4％であるのに対して、日本は16・9％と、欧米だけでなく韓国にも後れを取っていることに政府として危機感を抱いてのもので、他大学では実際にこの制度を利用して、女性に限定した教職員採用が行われている。しかし、なぜか龍谷大学ではこのような取り組みが皆無だというのだ。確かに私も、龍谷大学においてこのような制度を利用して、女性に限定しての教職員採用が行われているのは見たことがない。

外国人差別に抗して

私の在職中、私の研究室には龍谷大学においてハラスメントを受けた人たちが、「話を聞いてもらいたい」とよく訪ねてきた。ある職員は、「○○教授と話をしなければいけないときはスーツの内ポケットにスマートフォンを隠して、いざというときパワハラ行為の証拠にするために録音しています」と告白していた。また、セクハラ常習犯と言われるある男性教員から被害を受けた女性たちも、私によく相談しに来た。もっとも、そうした人たちに対して私が「ハラスメント問題委員会に訴えたらどうか」と提案しても、具体的な行動に移す人はほとんどいなかった。ほかの教員や大学からの報復が怖いからと、どうしても尻込みしてしまうのである。

しかし、泣き寝入りしようなどという考えは最初から頭になく、あくまで加害者と戦うことを目的に相談してくる人もたまにいて、そうした人は、例外なく海外からの留学生だった。その一人が、2013年に私の研究室にやってきたベルギー出身の留学生エミール氏（仮名）だった。エミール氏は龍谷大学に入学後、大学生協で下宿先を探していたが、気に入ったアパートの物件が「外国人不可」だと生協の職員から言われて憤慨していた。彼からすれば、外国人だからというだけの理由で部屋の貸し出しを拒否するのも、大学生協がそうした不動産物件を特に問題とも思わず、ほかの日本人の一般学生には紹介していることも、外国人差別にほかならないからだ。

エミール氏は留学生であったが、私の講義を以前に履修しており、外国人差別は「結婚、就職、居住」の局面で起こりえるという私の講義内容をよく覚えていた。とはいえ、まさか自分が被害者になるとは思わなかったようで、彼が受けたショックは相当のものであった。エミール氏は私のところに来る前に、まず所属する学部の教務課に相談をし、学部長にメールを出したほか、留学生対応の課員にも相談していた。しかし、その窓口では「入居拒否は違法ではないし、そんなことで腹を立てるのはエネルギーの無駄だ」と切り捨てられたという。表向きには「すべてのいのちが平等に生かされる」とか「共生」とかいった文言を建学の精神として掲げておきながら、その職員たちが「住まい」という、人間にとって根源的な問題を「外国人」「留学生」だから仕方ないとあまりに安易に片づけ、この行為を差別であることさえ理解していない。エミール氏がその欺瞞に絶望し、もはやこの大学に自分を助けてくれる人は誰もいないのかと打ちひしがれていたとき、経営学部の教員である私のことを思い出し、救済を求めてきたというわけである。

私は彼の話を聞き、「今後まず何をしたいのか」とたずねると、「学長に抗議文を出したい。文書を提出する際に同伴してほしい」ということだった。それで、学長室に彼と一緒に出向いた。当時の学長は、日本仏教史、浄土真宗史の専門家である、赤松徹眞氏であった。学長職を2011年から17年まで、2期6年務めて退任した赤松氏は、現在も大学の理事に名を連ねている。また彼は、浄土真宗本願寺派の親鸞聖人700回大遠忌記念事業として設立された「本願寺史編纂所」を前身とする、「本願寺史料研究所」の所長も務めるなど、学内および本願寺派において、強い影響力を有する人物だ。

その赤松学長に事前にアポイントを取ろうとしたところ、たらい回しにあう恐れがあったので、私たちは確実に会うためにあえてアポを取らず、赤松氏が来る時間を見計らって、2人で学長室の前で待っていた。やがて赤松学長が姿を見せると、学長室の前で立っているエミール氏の姿を見て、にこやかに「留学生かい?」と声をかけた。しかしエミール氏が要望書を差し出すと、瞬時に表情が変わった。そして文書を一瞥すると、小さい声で「生協は別組織」とだけ言い、そそくさと学長室に消えていった。話し合いにさえ応じようとしなかった赤松学長の態度にエミール氏はさらに幻滅し、大学の自浄力を期待しても無駄だと、外部機関である法務局の人権擁護委員会に救済を求めた。しかし、法務局は「人権侵犯の事実があったとまでは判断できない」として訴えを退けた。

一方で私は、エミール氏のため学内で奔走した。まず経営学部の教職員を対象に行われる人権研修で、この留学生への入居差別事件に言及し、当時の生協理事長でもあった経営学部所属の教員に状況を説明し、改善を求めた。しかし理事長は、「貸す相手を選ぶのは家主の自由であり、生協としては何も関与できない」と取り合おうとしなかった。また、「犬、猫などのペット飼育を禁止する家主もいれば、ガイジンが嫌いな家主もいる。日本では、家主が自分が嫌いなものを排除する権利を国が法律で保障しているのだから仕方ない。自分も外国にいるときは入居差別を受けた。日本だけが特別ではない」などと言われ、脱力感を覚えた。

この当時は、国籍を理由に住居の貸出を拒否することについて、差別や人権の問題だと感じる人はほとんどいなかった。よって、そうした物件を大学生協で紹介することも、広く問題だとは思われていなかった。それは学者たちも例外でなかった。このころの龍谷大学でエミール氏の窮状、悔しさを理解し、問題の深刻さをできていたのは、帰化以前は自身も法的に外国人として扱われ、帰化後も就職などさまざまな場面で差別を受けてきた私だけであった。

しかしこの問題が英字新聞『ジャパンタイムズ』の記者によって取材され、2013年3月23日付の同紙記事で、日本における外国人差別の一例として取り上げられたのを機に、状況は一変した。「生協は別組織」だったはずが、この記事が出るやいなや大学は生協側に改善をうながし、生協もエミール氏に謝罪。さらに「外国人不可」の物件紹介を中止するとの方針を決めたのである。現在、この事件について紹介しているインターネット情報のなかには、まるで龍谷大学が自発的に自浄能力を発揮して真摯に反省し、事態を是正したかのように読めてしまうものがある。しかし、実際はまったくそうではなかった。

龍谷大学生協はジャパンタイムズの記事が出て間もなく、エミール氏に謝罪したいと申し出てきた。その謝罪の場に私にも同席してほしいというのが、エミール氏の希望だった。それをうけて私は、オブザーバーの立場で同席した。最後の話し合いの場では、当時の大学における総務部長が、謝罪文書をエミール氏に手渡した。その文書に署名されていたのは、その総務部長の名前だった。それを見てエミール氏は、同席していた私に向かって、こう言った。

「この人は誰？　総務部長？　『生協は別組織』だと言っていたのに、なぜ大学の総務部長なの？　大学に責任があると認めたなら、なぜ学長が謝罪しないの？」

また、私が個人的にあきれてしまったのは、エミール氏の所属学部からその会議に出席したある役職教員が、エミール氏に対して「なぜもっと早く相談してくれなかったのか」と訴えたことである。この話を聞いたときには、さすがに「相談を無視したのは、いったい誰だと思っているんですか」と言いたくなった。メディアで取り上げられるやいなや態度を一変させ、大慌てで自分の「正義感」をアピールし始める教員たちには、エミール氏でなくてもうんざりである。

ともあれエミール氏の件を契機に、私は龍谷大学がこのケースを反省材料として、京都にある他大学とも連携し、大学のキャンパスから差別をなくすアクションを率先して起こしてほしいと、総務部長と生協理事長に強く提言した。しかし非常に残念なことに、その後２０１５年にも京都大学生協で、同じパターンの事件が発生した。

これに対して、2015年に若手の研究者や学生らによって結成された日本初のヘイトウォッチNGO「反レイシズム情報センター（ARIC）」の関西学生チームでは、同様の事例を抱える大学に是正を求める要請書を提出するとともに、オンライン署名サイト「Change.org」で「京都大学生協は留学生に対する住宅差別をなくしてください！」と題した署名キャンペーンを繰り広げ、多くの賛同者が署名した。ARIC関西学生チームの調査によると、留学生が入居できないとされる物件は、京都大学生協の冊子に掲載されている393件中、172件。全物件中の約44％だった。また、立命館大学の生協では206件中、103件（50％）。同志社大学の生協では443件中、215件（約49％）であったが、この署名キャンペーンによって、これらの大学生協が表示に是正を加えたと報告されている。

しかし、京都には日本における大学連携組織のさきがけとなった公益財団法人大学コンソーシアム京都がある。だから私は、龍谷大学の総務部長に対し、この大学コンソーシアム京都に働きかけて、留学生に対する入居差別を禁止するよう、2013年の時点で提案していた。だが、その総務部長は何の働きかけもしなかった。その結果、京都大学でも同じ問題が起こったのである。もし行動を起こしていたら、多くの留学生たちを救済できたはずであった。

私が個人的に深く関わった龍谷大学のもう一つの外国人差別事件として、2010年ごろに指導教官からパワハラを受けていた留学生（大学院生）の例がある。この大学院生・エスマイル氏

（仮名）からは、彼が博士課程を2年終えたタイミングで、指導教授から継続的にハラスメントを受けて苦しんでいると相談された。

エスマイル氏が私に告白した内容によれば、彼はその指導教授からカバン持ちをさせられるなど、使用人のようにこき使われており、講義ではティーチング・アシスタントとして受講生の質問対応にも応じるのが役目だった。ある日の授業後も、日本人学生の質問にはエスマイル氏が教授本人に代わって答えていたが、その日はどういうわけか当の教授の機嫌が悪く、教室を早く出たがっていた。教授はエスマイル氏が学生の質問に応じていることを理不尽にとがめ、大勢の日本人学生の目の前で、胸を手で強く押してきたのだという。指導教授の情緒不安的な行動により、エスマイル氏の自尊心は傷つけられていた。

そうしたタイミングで、彼の妻が、米国への永住を許可されるグリーンカードの抽選に当選した。妻が永住権を得たということは、夫であるエスマイル氏も米国で暮らせるということを意味する。しかし、渡米すれば龍谷大学での学業をあきらめなければいけない。彼は人生の選択に悩んでいた。指導教授にも一応相談してみたが、教授からは「大学に残れ」と言われたそうだ。その相談を受け、私は自分自身が若かったころの渡米体験も踏まえ、即座に米国行きを勧めた。まだ若い彼にとっては、日本でハラスメントに悩みながら研究生活を送るよりも、新天地で家族と一緒に人生をやり直すほうが、はるかに得られるものが多いと思ったからである。

それから10年以上が経つのだが、本書を執筆中、今では米国で事業家として成功しているエスマイル氏を訪ね、久しぶりに話をする機会があった。当時のことについてエスマイル氏にあらためて聞くと、彼は龍谷大学大学院を中途退学するにあたって、指導教授から受けた一連のハラスメントについて所属研究科に抗議文を提出していたそうである。彼自身、その抗議が正当に扱われることは期待していなかったそうだが、案の定、その後に大学からは何の連絡も、問い合わせもなかったという。

アメリカで事業家として成功し、家族と幸せな人生を送っている彼ではあったが、研究者としてのキャリアをあきらめたことは心残りになっており、ハラスメントさえなければ、あのまま龍谷大学で学業を継続したい気持ちも強かったのだという。そう聞かされて、当時自信をもって米国行きを勧めた私も、さすがに胸が痛くなる思いがした。

問題は大学全体にある

ここまで龍谷大学で起きたハラスメントや差別問題の実例をいくつか挙げてきたが、結局のところ、こうした問題に対してよくて後手後手の対応、多くの場合は野放しにさえしてきた龍谷大学の体質が、最終的に未ゼミ生問題という形で噴出したのだと、私は確信している。

ゼミを担当したいという私の申し出を、終始一貫「結論ありき」の態度で拒否し、パワハラを行い、ほかの教員へ対してもハラスメントを行ってきたのは、谷教務主任という一人の人物の暴走ではあるが、その暴走を許したのは、鈴木・野間両学部長だけの問題ではなく、龍谷大学全体の問題である。単に「許した」どころではない。学長に近い地位にいた教員たちが何らかの対応をとるべきと大学当局に強く提言したが、効果はなかったと聞いた。この体質が「ボンさん大学」と皮肉られているのだ。

責任を負うべきは、学長や学部長だけではない。経営学部に起こったトラブルに対し、他学部は基本的に「知らぬ・存ぜぬ」の姿勢であった。ハラスメント問題委員会は申立人対被申立人との間のトラブルだけに限定し、個人対組織の対応はできないとはねつけた。また、「過去の経営学部長が起こした事件であり、実際に争っているのは自分ではない。巻き込まれたくもないし、極端に言えば自分には関係がない」と、突き放したコメントを学生に向ける教職員もいた。さらにはある経営学部教務課職員も、「いまどき龍谷大学で未ゼミ生問題について、取り立てて意見のある人などいません」と、学生たちに向けて言い放ったという。大人たちが誰一人として自分の行ったことに責任を負おうとせず、体裁を整えることだけに腐心する姿を、学生たちはいったい何度見せられればいいのか。

淀みに淀みきった現実を前にして自分の保身しか頭になく、強い者にはひたすら忖度し、無関心をよそおう。組織にあってそのような生き方しかできない教職員がもはや多数派だというのであれば、龍谷大学には親鸞聖人の教えに基づく教育など、もはや息づいていないと言うほかあるまい。

しかし、龍谷大学はもともと閉鎖的な大学だったわけでは決してない。そのことを私は、本書執筆時点からさかのぼって27年前の1996年、自分が龍谷大学に採用された面接のことを思い出すたびに実感する。ここで私は面接者の一人から、「あなたは龍谷大学で就職されたら民族名で教鞭を取られますか。それとも通称名（通名）を使われますか」と質問されたのだ。在日韓国・朝鮮人大学教員懇談会の代表でもあった、経営学者の徐龍達・桃山大学名誉教授（当時は教授）らを中心とした運動により、「国立又は公立の大学における外国人教員の任用等に関する特別措置法」、通称「外国人教諭任用法」が成立したのは、私が採用される14年前、82年のことであった。これにより外国人教員が国公立大学の教員（教授会の正規の構成員）として採用される道は開かれていたが、日本の大学に在日コリアン系の、しかも女性研究者が就職するのはまだまだ容易でなかった。しかし、龍谷大学の採用面接でそう聞かれた私は迷うことなく、「本名である民族名、李洙任という名前で教壇に立ちたいと思います」と返答した。

後にこの質問をした担当者は、「あのときに李先生が『民族名で教鞭をとりたい』と回答なさったことは、採用を決めるポイントの一つになりました」と打ち明けてくれた。2000年代に入り、急速に日本が右傾化した今から思えば隔世の感なきにしもあらずだが、私が採用された1990年代半ばといえば、日本がアジアの隣国との共存を重視し、歴史認識の違いを超えて新しい秩序に入ろうとするなど、社会そのものが大きく変容していこうとしていた時代であった。その象徴が、当時の村山富市首相が1995年8月15日の戦後50周年記念式典に際し、日本の過去の植民地支配と侵略を日本政府として公式に認め、「反省とお詫び」を表明した「村山談話」であった。

そうした時代状況にあって、１６３９年に西本願寺に設けられた「学寮」に始まったという長い歴史を誇る龍谷大学が、全国の私立大学の中でも先陣を切って異質のものを迎え入れ、開かれた教育を実践しようとしていたのは間違いない。だからこそ、女性でありコリア系でもあるという、「二重のマイノリティ性」を持っている私を積極的に採用したのであろうし、実際にその意義は大きかったと思う。龍谷大学のそうした精神は、いつの間に失われてしまったのであろうか。

第3章　龍谷大学と浄土真宗本願寺派

浄土真宗の宗門校

これまで何度か触れているように、龍谷大学は浄土真宗の開祖である鎌倉時代の僧侶・親鸞の精神によって立つ、浄土真宗本願寺派の宗門校である。龍谷大学が浄土真宗系の大学であることは、関西では一般レベルでもよく知られている。「龍大の教員です」と名乗ると、「ああ、ボンさん（坊さん）大学の」と返されることは、割とよくあることだ。

浄土真宗ではその立教開宗の年を、親鸞が同宗の聖典である『顕浄土真実教行証文類』（『教行信証』）を著した元仁元年（１２２４）であると定めている。しかし教団としては、この年から明治時代までの数百年の間、さまざまな問題をめぐって分裂や再統合を繰り返す。よって現在の浄土真宗は俗に「真宗十派」と呼ばれる、主要10宗派に分かれている。しかし、そのなかにあって門徒数約７７５万人を擁する本願寺派は、「お東さん」と呼ばれる真宗大谷派と並ぶ最大の勢力を維持している。日本の伝統仏教全体でも、これほどの規模の教団はほかにあまりない。その浄土真宗本願寺派の本山が、京都市下京区、ＪＲ京都駅から徒歩15分ほどのところにある、西本願寺である。龍谷大学の起源は、江戸時代初期の寛永16年（１６３９）に、その西本願寺境内に設けられた僧侶の育成機関「学寮」にある。

こうした本願寺派系の学校（学校法人）は、龍谷大学以外にも京都女子学園や武蔵野大学、また兵庫大学など、全国に多数存在する。しかし、江戸時代初頭から宗学研讃・僧侶養成の学校として発展してきた長い歴史を有し、10を超える学部と研究科がある龍谷大学は、浄土真宗本願寺派関係学校のなかでも最高の地位を占める。

また、龍谷大学文学部の学科の一つである「真宗学科」に学び、所定の単位を取ることなどで、本願寺派の教師資格（僧侶の資格）を取得することも可能である。それで龍谷大学には、全国の本願寺派寺院の子弟などが進学し、親鸞の教えを学んでいる。ちなみに、そうした学生の大半は男子である。もっとも、そうした僧侶を目指す学生たちといえども、外見上は普通の学生とほとんど変わらない。そもそも浄土真宗は僧侶に強いて剃髪を求めないので、学生たちも大半は、ごく普通に髪を伸ばしている。私が真宗学科の学生たちに英語を教えていたときも、教室にいる男子学生のなかには髪の毛を思い思いの色に染め、耳をたくさんのピアスで飾り、ズボンからチェーンをぶらさげているなど、パンクロッカーのような格好をしている学生さえいた。私が彼らに、「君たちが将来お坊さんになるときは、その格好はどうするの？」と聞くと、彼らは悪びれもせず、「ほかの学科の学生が就職活動するときに髪の毛を黒く染めて、みんな似たようなリクルートスーツを着るのと同じですよ。僕らも没個性的なスタイルに変身します」と答えるので、大いに笑ったものである。

浄土真宗では、宗祖・親鸞は「すべての生きとし生けるものを迷いから救い出し、悟りへと転換させる」という「阿弥陀仏の願い（阿弥陀如来の誓願）」によって生かされ、真実の道を歩んだ人物と位置づけられる。それゆえに龍谷大学でも、親鸞の生き方に学び、「真実を求め、真実に生き、真実を顕かにすることのできる人間」の育成を、建学の精神に掲げている。そしてこれを実

現する心として、

すべてのいのちを大切にする「平等」の心
真実を求め真実に生きる「自立」の心
常にわが身をかえりみる「内省」の心
生かされていることへの「感謝」の心
人類の対話と共存を願う「平和」の心

という5つの項目が示されている。

また、親鸞および浄土真宗の教えの根本部分には、阿弥陀仏の本願は、煩悩にまみれ現世で苦しむ凡夫＝衆生を救済することであり、それゆえに、われこそ極悪人にほかならないと深く自覚する人が仏の教えを聞いて悟りを得る能力・資質を備えている、と考える「悪人正機」に立っていることはご存じの方も多いだろう。

私自身は、すでに述べたように浄土真宗本願寺派の門徒でもなければ、そもそも仏教徒でさえない。しかし第2章でも書いたように、私は縁あって真宗大谷派の中学・高校の一貫校で学び、成人後は本願寺派の大学に勤務することになって、親鸞という宗教家の教えに触れる機会は多かった。その教えや生き方に、感銘を覚えることも少なくなかった。

親鸞の生き方に関して私が最も好きなのは、自分にも他人にも二枚舌を許さないという点である。そして私は親鸞の権力者ではない名もなき庶民たちが抱える人生の苦悩に寄り添おうとした生き方にも強く共感する。親鸞にしても、親鸞が若いころに師事した法然にしても、彼らが数百年前の庶民の間に入り、「南無阿弥陀仏」という念仏をひたすら唱えることで救われるとする念仏の教えを説いたのは、そうすることが当時の時代状況にあって民衆を励ますことができる、最も有効な手段だったからだろうと私は思う。言ってみれば念仏とは、そう唱えれば死後に極楽往生できるのだという希望を与えると同時に、民衆たちが現世において背負っている重荷を少しでも軽くする、エンパワーメントのための手法だったのではないか。

現代の教育者が学生たちに講義することで知的好奇心を刺激するのも、課題を与えることなどを通じて自ら調べ、考える訓練をさせているのも、すべてはそうすることで、学生たちにその後の人生を強く、楽しく送ってもらいたいから、エンパワーメントしたいからである。そうした意味で親鸞の生き方には、現代の教育者が学べる点が多々あると私は考えている。

実際、私が龍谷大学での勤務を通じて知り合った浄土真宗関係者のなかには、親鸞精神をしっかり受け継いでいると思える立派な僧侶がいた。そのうちのまず一人を挙げると、北海道深川市にある浄土真宗本願寺派寺院・一乗寺の住職である殿平善彦氏だ。

１９３１年の満州事変から37年の日中戦争、41年の太平洋戦争を経て45年の敗戦まで、足かけ15年間行われた戦争では、３１０万人以上の日本人が亡くなった（63年の厚生省発表による）。この内訳は、軍人・軍属などの戦死者が230万人、民間人の国外での死亡者が30万人、国内の空襲などによる死者が50万人以上とされる。一方で日本の侵略を受けたアジア諸国でも、各国政府の公表あるいは公的発表にもとづく数値だけで2000万人以上が犠牲になった。さらに日本の植民地支配の下に置かれた朝鮮では、36万4186人が軍人・軍属として徴用され、そのうち推定で15万人が死亡ないしは行方不明になった。これ以外に、強制連行などによる死者も数万人いたと推計されている。

北海道には、そうした戦中に連行された朝鮮人労働者たちが強制労働に従事させられたことを示す史跡が数多く残っており、殿平氏の地元である深川市の鷹泊という地域にも、戦中の重要な軍需物資である砂白金の採取場があった。また近隣の幌加内町にある雨竜ダムは、戦中に連合国軍の捕虜やアジアから強制連行した朝鮮人を働かせて建設したものであり、最盛期にはこの建設現場で2000~3000人もの人が、強制的なタコ部屋労働をさせられていた。冬にはマイナス40度にもなる酷寒のこの地で、機械をほとんど使用することなく、モッコやトロッコなどに頼って大工事が行われたため、事故による死者が続出した。さらに労働者たちは夜間には監視人が見回り、窓を鉄枠でふさがれている飯場に押し込まれ、逃走しようとしたものはリンチにあって殺された。このようにして亡くなった労働者の遺体は、周辺に無造作に積み上げられ、形だけの埋葬がされていたという。

殿平氏は、そうした朝鮮人強制連行犠牲者の調査と遺骨発掘を1978年から開始し、その後

20年をかけて、韓国への遺骨返還事業を行ってきた人物だ。たび重なる訪韓と各方面との粘り強い交渉により、2015年には北海道から120体の遺骨が北海道から韓国に返還されている。これにより殿平氏は15年、顕著な社会貢献を行った卒業生に対して龍谷大学校友会が毎年贈っている、「龍谷賞」の特別賞も受賞している。

私が殿平氏と知り合ったのは、「安重根東洋平和研究センター」を創立した際に彼が協力してくれたのがきっかけであった。殿平氏が強制連行被害者の遺骨返還事業をやり遂げたのも、元はと言えば戦前戦中に強制連行の末、異国で非業の死を遂げた朝鮮人死者の魂を故郷に戻したいという、宗教者としての思いからだったそうだ。

なお殿平氏は、未ゼミ生問題について雑誌『宗教問題』2023年夏季号の取材に対し、以下のようなコメントを述べている。

「大学における自治は一般的に尊重すべきですし、龍谷大においても、建学の精神である親鸞精神を踏まえた上で自治は確立されるべきだと私は思っています。ただし、大学という場はあくまでそこで学ぶ学生たちが中心に考えるべきであって、学生の基本的な権利を保障できないようでは大学とはいえません。その意味では龍谷大で未ゼミ生のような問題が起こり、学生の学ぶ権利を保障しきれなかった、大学の責任を果たせなかったのは痛恨の事態。一人ひとりの命、存在を限りなく大切にするという親鸞精神にも悖ることになると思います。大学が訴えられた裁判では大学側が勝訴したとのことですが、本来このような問題は裁判で決着を図るべきものではなく、訴えられるより先にまず大学が学生の救済に乗り出すべきでした」

殿平氏の意見に、私も完全に同意する。裏返せば、学生の権利保障のために一教員である私が裁判に打って出なければいけなかったこと自体、龍谷大学における「自治」が崩壊していたことの現れだろう。

私が尊敬しているもう一人の本願寺派僧侶は、山口市にある徳證寺の住職であり、浄土真宗思想史の専門的な研究者でもある、文学部の平田厚志名誉教授である。浄心寺から寄贈された安重根の遺墨は当初、龍谷大学図書館に所蔵されていたが、これを平和的に活用するための方策を最初に考え、また弾力的に実行したのが、2010年ごろに図書館長を務めていた平田氏だった。

平田氏はソウルにある安重根義士紀念館と学術協定を結び、当時の若原道昭学長を伴って韓国に渡り、3点の遺墨の韓国への貸し出しを実現した。過去には貴重な資料を所持しながら死蔵させていたこともある龍谷大学で、同じように死蔵されていたかもしれない安重根の遺墨が再び日の目を見ることになったのは、平田氏の尽力によるところが大きい。

大学理事長＝本願寺派総長

学校法人龍谷大学では、1922年の旧制大学改組以後も、法人のトップである理事長職には浄土真宗本願寺派の事務方トップである総長が就いてきた。この総長に2014年に就任し、23年3月までの約9年間務めてきた人物が石上智康氏である。同氏は学校法人龍谷大学の理事長も、同じ期間務めてきた。つまり未ゼミ生問題が勃発した13年から今日に至るまでの約10年のうち大半の期間、この石上氏が龍谷大学の最高責任者の座にいたことになる。

なお、総長が本願寺派の事務方トップであるとわざわざ断ったのは、本願寺派では浄土真宗の開祖である親鸞の子孫が、本山である西本願寺の住職を代々世襲することになっており、この門主が総長とは別に、信仰上のトップとして存在するからである。とはいえ現在の本願寺派では、門主は宗派の実質的な運営に関する権限は何らもたない「象徴天皇」のような存在だという。だからこそ龍谷大学の理事長に就任するのも、本願寺派の総長である。

石上氏は前述のとおり、2023年3月末をもって本願寺派総長と学校法人龍谷大学理事長を退任しているが、その後も学校法人の理事の一人としては名を連ねている。また11年から17年まで龍谷大学学長を2期6年務め、未ゼミ生問題が深刻化し始めた時期の学長であった赤松徹眞氏も、理事の一人であり続けている。一度学長になった人は、退任後も龍谷大学との関係が続いていくようだ。またどういうわけか、立憲民主党の幹事長などを務めた京都府選出の参議院議員・福山哲郎氏も理事に入っている。

龍谷大学では歴代の学長もまた、浄土真宗本願寺派の僧侶資格を持つ人物が常に選ばれてきた。現在の入澤崇学長も、広島県尾道市の浄土真宗本願寺派寺院・善行寺の住職という顔を持つ仏教学者である。

実は龍谷大学の規程上は、本願寺派の僧侶でなくとも、浄土真宗の信者であれば学長になれるとする「信者規定」がある。かつては本願寺派僧侶としての資格がなければ、学長選挙への立候補さえできなかったのだが、日本各地で学生運動が高揚した1960年代末に、この規定が龍谷大学の学生たちにとっての打倒の対象となり、学生たちと本願寺派側との闘争を経て、今日のあり方に改正された。

この闘争では、大学側が「学長には僧籍（僧侶資格）は必要ないものとする」との「改革試案」を打ち出したことに対し、本願寺派側は「僧籍は絶対に必要である」と却下したことで、龍谷大全共闘、京都女子大全闘委などの学生組織が本山による不当介入だと批判。1000人もの学生部隊が「一向一揆」の旗を掲げながら西本願寺に突入を試み、大変な騒ぎとなったという。しかし、こうした混乱の時期を経て「信者規定」こそ導入されたものの、2年ごとにおこなわれる学長選挙では、本願寺派の僧侶資格を持つ人が候補者になるケースが圧倒的に多く、僧侶たちだけの出来レースになりがちだ。私は着任したばかりのころ、学長選挙の候補者の一人が選挙演説で「私は当て馬です」と自虐的なジョークを交えながら笑いを取ろうとしているのを聞き、強い違和感を覚えたものだ。

「龍谷大学をもっと開かれた大学にすべき」と訴え、僧侶出身者たちが独占してきた学長選挙に風穴を開けようと、一般教員の候補が立候補し、一時的に体制派に緊張感を走らせた例もわずかにあるのだが、龍谷大学では基本的に、本願寺派の支配がゆらいだことはない。

このように、浄土真宗本願寺派の厳然たる影響力のもとで運営されている龍谷大学には、当然ながら文学部を中心に、僧籍を持つ教員が多数在職している。彼らの場合、僧侶としての仕事に加えて、教員ないし職員としての仕事の二足の草鞋を履いているため、一般の教員以上に多忙なはずだ。実際に週末ともなると、それぞれの寺の門徒の法要などに忙殺されている教員も多いらしい。しかし、現代の僧侶は寺院の運営だけではなかなか生活できないどころか、赤字を抱えてしまうことも珍しくなく、寺から出た赤字を補塡するために働いている、というケースも多いそうだ。

また龍谷大学における本願寺派の影響力の強さは、教員だけでなく事務方の職員にも、各地の本願寺派寺院の身内が多いことに現れている。正確な実数こそ公表されていないが、私自身、実家が本願寺派系の寺だという事務職員を、何人も知っている。そしてこの事務職員のトップである総務局長も理事長同様、極めて少ない例外はあるが、本願寺派の僧侶資格を持つ人のなかから選ばれ続けてきた。総務局長の人選には、その職員の寺が有力寺院かどうかなど、本願寺派内部における力関係が強くものを言い、その人の事務処理能力に基づいて選ばれているとは必ずしも言えない面がある。むしろ、「えっ、あの人が総務局長?」と驚かざるをえないような人事も、過去には行われてきた。明らかに能力のない人を分不相応な地位に就けると、組織の運営が遅滞するだけでなく、本人にとっても過剰なストレスとなるなど、いいことはほとんどないと思うのだが、これが問題にされているという空気は、学内にはあまり感じられない。

ところで本書をここまで読んできた読者のなかには、龍谷大学経営学部で教授会のガバナンスが崩壊し、未ゼミ生問題のような事件まで勃発したにもかかわらず、聖職者たる浄土真宗本願寺派僧侶たちが多く名を連ねる大学理事会が、なぜその状態を見過ごし、何もしようとしなかったのか、不審に思う向きもあるのではないか。私自身、私へのパワハラを放置した責任は学校法人としての龍谷大学にあると考えており、だからこそ自分が起こした裁判では2023年3月までの大学理事長であり、浄土真宗本願寺派の総長でもあった石上智康氏を被告の一人に加えている。なお、現在の学長である入澤氏に関しては、おそらく未ゼミ生問題に関して相当に偏った情報しか耳に入っていないと思われる。私は入澤氏と直接話をした際、彼から「例の署名運動のリーダーの女子学生（市川ゆかり）には僕も会いたいんだよな。でも突然学長室にやって来て『会いたい』と言われても会えないだろう」と言われ、そう確信した。

というのも学生代表たちは署名運動を展開していた当時、突然学長室にやって来るどころか、なんとか学長に面談して直接要求を伝えようと、学長室に対して何度も懸命にアポイントを取ろうと働きかけをしていた事実があるからだ。にもかかわらず面談が実現しなかったのは、学長室が最後まで拒否していたからだ。入澤氏はそうした経緯を、まったく知らなかったのである。

そうしたことに加えて、まず法人としての龍谷大学の責任を問うことを優先したかったこともあり、私の裁判では入澤学長を原告に含めていないが、かといって入澤氏に責任がないと考えているわけではない。先にも述べたように、私は谷氏から受けていたパワハラによる心労、精神的苦痛がもはや耐えられないレベルまで来ていることを入澤学長に代理人を通じて訴え、救済を求めたことがある。しかし入澤氏は最後まで私との対話には応じてくれず、当時のハラスメント問題委員会に対応を丸投げしただけだった。

学長の仕事とは、学生や教員らが健全に学び、研究するための環境を担保することにあり、その使命を果たすために学長がやるべきことは、自ずと明らかである。また、龍谷大学の建学の精神である「真実を求め、真実に生き、真実を顕かにすることのできる人間」を育成し、教員自身もそのような人間であろうとするならば、意見を異にする相手との直接対話も避けては通れないはずだ。しかし入澤氏は、そうした姿勢とは真逆の対応を取り続けたのである。

また、大学側は未ゼミ生問題を、カリキュラム改革の途上にあるがゆえの単なる過渡期的現象であると対外的には説明しており、真の元凶である経営学部教授会のガバナンス崩壊については手を触れず、やり過ごそうとしている。こうした方針が決められている場は、ほかならぬ学長室である。学長室では「月曜会議」と称する会議が週1回、月曜日に開催されており、学内の重要な案件が討議されるが、その内容がオープンになることはあまりない。

石上智康理事長の責任

さて、入澤学長についてはこのくらいにして、学校法人龍谷大学の当時の最高責任者であり、それゆえに私の裁判でも被告に含めた石上元理事長とはどういう人物なのか、ここでその経歴を簡単に紹介しておこう。

石上氏は1936年東京生まれ。現在は千葉県君津市にある君津光明寺という寺の住職をしている。この寺は東京都港区神谷町にある光明寺という寺から、戦後の73年に分院独立した存在で、石上氏が生まれたのは、東京の光明寺のほうだ。神谷町光明寺の創建は建暦2年（1212）とされ、古来、梅の名所であることから、江戸時代には毎年新年にどの寺よりも早く、梅の花を幕府に献上していたことでも知られる。こちらの現在の住職は、石上元理事長の甥である石上和敬氏である。

石上元理事長は、東京大学印度哲学科の修士課程を修了した後、光明寺の住職を長く務めていたようだが、1988年に敦賀女子短期大学（福井県）の教授に就任して、このとき初めて大学人となった。2013年には浄土真宗本願寺派の宗門校である武蔵野大学（東京都）の理事長に就任。翌14年に87歳で本願寺派総長および龍谷大学理事長となり、そこから8年以上も務めた。本願寺派の歴史のなかでも、これほど長く総長を務めた人物はほかになく、したがって龍谷大学理事長としての任期も、歴代最長ということになる。この間には、浄土真宗本願寺派宗会議員のほか、文部科学省宗教法人審議会委員などを歴任。日本の伝統仏教諸宗派が合同で設立した伝統仏教の連合組織、財団法人全日本仏教会の事務総長を1期1回、理事長を2回も務めている。02年1月には、キリスト教やイスラム教、仏教など世界12宗教の指導者が一堂に会する「世界平和祈りの日」の集いに全日本仏教会の理事長として参加したほか、バチカンでのフォーラム「世界平和に向けた宗教の貢献」でも、日本の仏教界を代表して講演を行っている。宗教家としてまばゆいばかりの経歴であり、「位人臣を極めた」というのは、おそらくこういうことを言うのだろう。

一方で本願寺派総長としての石上氏は、その長い就任期間を通じて「独裁的」と批判される面があり、それがときに宗派内で軋轢も生んでいたようだ。そうした事例のなかでも最大と思われるものが、雑誌『宗教問題』の2023年夏季号掲載の記事（評論家・本郷四郎氏による「〝令和の蓮如〟になろうとした本願寺派・石上総長の蹉跌」）でも指摘されていた、いわゆる「新・領解文問題」である。

同記事によると、本願寺派では親鸞生誕850年および親鸞が浄土真宗を開いて800年という節目の年になる2023年の1月、「新しい『領解文』」なる文書を発表した。領解文と言われても、浄土真宗の門徒でもない人には何のことかわからないだろうが、これは浄土真宗の中興の祖ともされる、室町時代に生きた親鸞の子孫・蓮如が、同宗の教えを庶民にもわかりやすい、平易な言葉で解説した、一種のお経のことである。以後数百年にわたり、門徒たちの間で唱えられてきた。

しかし、先にも述べたような、浄土真宗にとって重要な節目となる2023年、本願寺派はいわばその領解文の現代版を新たに製作しようと企画し、そうして大谷光淳門主（現・西本願寺住職）の名前で発表されたのが、「新しい『領解文』」だったのである。しかし、結論から言えばこの新・領解文は、宗派内部から「本来の教義と矛盾している」として、非常に強い批判にさらされることになる。

新・領解文において最も問題になったのは、「私の煩悩と仏のさとりは　本来ひとつゆえ」という文言が、そのなかに出てきたことだった。なぜなら浄土真宗では一般に、「世の中に生きる人は一生煩悩から解放されない凡夫であり、それゆえに阿弥陀如来が悲しみ、本願を立てて救ってくださるのだ」と考えるのだが、新・領解文が言うように「私の煩悩」と「仏のさとり」が一体のものならば、最初から救ってもらう必要などないではないか、というわけだ。また新・領解文には、「(浄土真宗の教えをいただいて生きている者は) 少しずつ執われの心を　離れます」との一文もあるのだが、これにしても親鸞が説いた教義——凡夫は一生とらわれの心から離れることはできない。だからこそ阿弥陀如来の本願におすがりするのだ——から考えると、明らかに矛盾しているとの声があがった。

先にも述べたように、この新・領解文は大谷光淳門主の名前で発表されたものだった。しかし、現在の門主は教団運営の実権を持っていない以上、総長をはじめとする執行権者の手が入っているのは自明である。その上、新・領解文に出てくるいくつかの表現が、石上元総長が過去に出版した詩集『生きて死ぬ力』の表現に酷似していたことから、石上氏個人の思想が浄土真宗の教えに反する形で、宗派全体のあり方を左右する重大な文書に反映されてしまったという見方を多くの関係者がしたようだ。その結果、この新・領解文に対しては宗派内のさまざまなところから反対運動が巻き起こり、大変な騒ぎに発展したというのである。

私は浄土真宗の教義に関しては門外漢なので、この新・領解文がどれほど親鸞の教えに反したものなのかを判断することはできない。しかし、同時に問題となった石上氏の著書『生きて死ぬ力』の内容は、よく知っている。この本が2018年5月に中央公論新社から刊行された際に、建学の精神の涵養の観点からぜひ教職員にも目を通してほしいとの理由で、龍谷大学の全教職員に配布されたことがあり、自分の裁判で石上氏を被告に含めるにあたって、あらためてその内容を熟読したからだ。

一方で不思議に思ったのは、石上氏はこれほどまでに本願寺派内で独裁的と批判される人物でありながら、彼が同時に理事長を務めていた龍谷大学では、不自然なほど運営に関与していなかったことである。私が在職していた25年間を振り返っても、理事長以下の理事たちの言動が教授会あるいは教職員組合の会合などで問題となることは、私が知る限り、よくも悪くもなかった。それ以前に理事会のメンバーたちが会議の場で何を話しているのか、伝わってくること自体がほとんど皆無だった。

いったい石上氏は、自分がトップに君臨する大学のことをどう考えていたのだろうか。大学が問題なく運営されているのであれば、理事会があえて介入する必要もあるまいが、石上理事長体制の龍谷大学では、未ゼミ生問題という問題が発生して社会的に騒がれており、2019年には私が提訴したことで、理事長自身が被告となっていたのである。そうであれば、「問題の存在を知らなかった」という言い訳も立つはずはなく、問題の存在を知った上で無視したのであれば、それは悪い意味での不作為、怠慢ということになる。今日に至るまで、石上氏は未ゼミ生問題についても、私と争っていたはずの裁判についても、まったくコメントを発表していない。しかし前述の彼の詩集『生きて死ぬ力』の143ページから数ページの間には、石上氏の社会正義に対する考え方の一端が示されている。

(143ページ)
人が主張する正義くらい　危ういものはない
時代や人々に　応じて　いくつもの　正義がある
「われ必ず聖なるにあらず　かれ必ず愚かなるにあらず
ともにこれ　凡夫《ただひと》ならくのみ
是《よ》く非《あ》しきのことわり　たれかよく定むべき」(聖徳太子)

(144ページ)
政治については　みなが　同じに関わり
必要なことを　決める
権力の関与は　できるだけ　少ないほうがいい
充分　よく議論し　衆知を集め

一つにまとまらない時は　多数に従い
少数者にも　聞く耳をもつ
不正や　暴力はひかえ
失敗や間違いをおかした時は　我をはらず　詫びる　改める

（146ページ）
人権は　不可譲の権利　ということになると
抑圧され　侵害されれば
「最後の手段として　反逆に訴え」なければならなくなり
争いの　もとになる
「人権の擁護」の　名目で
実際　戦争が正当化されている
（NATO軍は旧ユーゴスラビアのコソボ自治州を空爆）

悪人正機を真理とし、すべての衆生は阿弥陀仏の慈悲にすがるべき凡夫と考える浄土真宗にあってはさほど珍しくないのかもしれないが、どうやら石上氏は人間社会一般の尺度で善悪を峻別することに消極的であり、さらに言えば、近代社会において最重要の価値とされる人権についても疑念を抱いていたことが、こうした詩ともエッセイともつかぬ文章からはうかがえる。あるいはそうした非世俗的価値観の持ち主であるがゆえに、俗事である大学の方針には口出しをしなかったのかもしれない。しかし、だとすれば大学の最高責任者になど、最初からなるべきではない。

また石上氏は、『生きて死ぬ力』の1ページ目に、次のようなことも書いている。

「いのちを守る」
「安心安全」
最近、このような言葉を耳にするようになりました。しかし聞こえはよくても、実際には当てにならない言葉です。「安心安全」を謳う人が、いざという場面で本当に私を守ってくれるのでしょうか。言葉が時代とともに軽くなっているようです。人も社会も政治も、大事なことをきれいな言葉で片付けていては危ういと思います。

一読するともっともな言葉に聞こえるが、明らかな不平等によって学生たちを分断する未ゼミ生問題は、「すべてのいのちを大切にする『平等の心』」を建学の精神として掲げる大学の理事長であった、石上氏の目の前で起きていたのである。にもかかわらず、見て見ぬふりを決め込んだのなら、「言葉が軽くなった」という石上氏の嘆きの言葉は、皮肉にも自分自身に対する批判の言葉として返ってくるものでしかない。

「ボンさん」は「事なかれ主義者」なのか

先にも書いたが、私は2015年5月のある日、学長室に最も近い立場にいると言われていた法学部のある教授から、「龍谷大学は所詮ボンさん大学」であり、そうであるがゆえに「大学の問題を改善したければ裁判するしかない」、つまり内部の自浄能力は期待できないと言われた。実を言うと私は、「ボンさん大学」だとなぜ自浄能力を期待できないのか、長いあいだ今ひとつわからずにいた。しかし、未ゼミ生問題を取材したあるジャーナリストにこの話をしたところ、「その人は『事なかれ主義』という意味で『ボンさん大学』と言ったのだと思いますよ」と即座に返され、虚を突かれたような思いがした。

その人によれば、伝統仏教の教団、特に本願寺派と同じ浄土真宗の大教団である真宗大谷派では、職員に対するパワハラ騒動が近年頻発しており、それにもかかわらず、本山の宗務総長が積極的に介入した例はきわめて少なく、玉虫色の処分で終わらせるか、そうでなければ不祥事そのものをなかったことにしてしまうことのほうが多いのだという。それゆえ伝統仏教の現場では、宗派幹部たちが表向き掲げる美辞麗句と、現実に起きていることの間にすさまじい落差が生じているような話が日常茶飯事であり、未ゼミ生問題もまた、そうした仏教者たちの「事なかれ主義」ゆえに悪化した問題だろうというのである。

そう考えると、石上元理事長以下の龍谷大学理事たちが未ゼミ生問題に一貫して無関心であったのは、ある意味では当然なのかもしれない。しかし、石上氏が任期を通じて名前だけの理事長でしかなく、大学運営に関心がなかったのであれば、本願寺派の総長が龍谷大学の理事長を兼任する現在の体制は、すぐにでもあらためる必要がある。

近年、龍谷大学の運営母体である本願寺派では混乱が続いている。先ほども述べたように、石上氏は２０２３年5月31日付で本願寺派の総長を辞任し、後任として栃木県那珂川町の慈願寺住職・池田行信総長が就任した。ところがこの池田総長は、新・領解文騒動を収束させることもできないまま、24年3月８日、就任からわずか9カ月で辞任してしまう。その後任総長には、和歌山県海南市にある浄国寺住職・荻野昭裕氏が選ばれている。これにより龍谷大学の理事長も、自動的に石上氏、池田氏、荻野氏と、わずかな期間の間に矢継ぎ早にすげ替わることになった。このように、運営母体である宗門で問題が起こるたび、傘下大学の理事長も交代してしまうというのであれば、大学の理事長は一体に何に対して責任を負っているのか、という話になってしまう。トップである理事長が、大学の運営に対して興味もなければ責任もない、というのであれば、未ゼミ生問題は、本願寺派の総長を理事長にいただくことで成立する、龍谷大学のガバナンス体制の欠陥により引き起こされたと言われても仕方がないだろう。

一方で私学全体を見渡してみれば、２０２１年11月に所得税数千万円を脱税した容疑で東京地検特捜部に逮捕され、翌12月に日本大学の理事長を辞任した人物が、在任中に学内において絶大な権力を振るい、大学運営を私物化していたことが厳しい批判を浴びた。日大のような、金銭にからむ事件に関しては厳しい批判が世間からも起こる一方、龍谷大学で起きたような、学生たちが教育上の権利を侵害されるケースでは、なかなか社会的な注目が集まらない。残念な話である。しかし日本大学の事件を発端として、文部科学省は現在、私学のガバナンス（組織統治）をどのように強化すべきなのか、その制度改正のための議論を進めているという。

日本の大学に真の意味でのガバナンスを確立することを目指すのであれば、この制度改正をめぐる議論は、学生の学ぶ権利や大学の自治の問題までを視野に入れたものでなければならないはずである。はたしてそのような踏み込んだ議論になるのかどうか、その行方に注目していきたい。

第4章　龍谷大学のこれから

相次ぐ大学の不祥事

ここまで本書では、龍谷大学におけるガバナンス崩壊の問題について述べてきた。しかし、いま日本では龍谷大学に限らず、多くの大学で不祥事が多発している。ジャーナリスト田中圭太郎氏が2023年2月に刊行した『ルポ　大学崩壊』（ちくま新書）は、そうした各地の大学で起きたガバナンス崩壊事例を集めた本だ。ここで紹介されている事例のなかでも特にひどいのが、大阪府にある追手門学院大学のケースである。

追手門学院大学では2011年、同大学チアリーディング部の女性コーチが顧問からセクハラを受けたと訴え、裁判が起こった。そしてこのセクハラ裁判において原告のコーチを支援していたのが、元学長であった落合正行教授と、田中耕二郎教授という2人の教員だった。しかし、これに対して大学側は、15年10月に落合・田中両氏を懲戒解雇した。2人が女性コーチをそそのかして裁判を始めさせ、さらに記者会見を画策して大学の名誉を毀損したというのが、その理由だった。懲戒解雇された落合・田中両氏は処分不当を主張し、同年12月に大学側を相手取り、解雇無効を求めて大阪地裁に提訴。地裁は懲戒解雇を無効とし、原告である2人の完全勝訴となった。最終的にこの裁判は、大阪高裁で控訴審が争われた末に、高裁が和解を勧告。21年5月に和解で終わったのだが、その落合・田中両氏は、一審で勝訴した際、以下の声明文を出している。

理事長であった川原俊明氏が、原告落合と田中に行った懲戒解雇を無効と判じた大阪地裁の判断は、誠に合理的であり、社会的に意味のある判断だと考えます。判決において、現理事長等が原告等を大学から排除する強い意志を持って、合理的事由がないにもかかわらず、本来証拠と出来ない内心をも懲戒事由とし、学院では懲戒解雇時には弁護士など専門家の意見を聞く慣例の手続きも経ず、遵守すべき事実、論理、倫理、人権をも軽んじる権力行使を行い、排除したい者を独断的に懲戒解雇できる統治のあり方が明らかにされました。そして、この「統治」のあり方が、「腐ったミカンはいらない」とするターゲットとした教職員の人権をも無視する酷い手法で辞めさせることを目的に行った研修へとつながったのです。

声明に出てくる「腐ったミカン」とは、追手門大学が2016年、大学側が「求められる職員像に達していない」と決めつけた18人の事務職員に対し、「自律的キャリア形成研修」なる名目の、しかし実際には退職を迫るための研修を実施した事件を象徴するキーワードである。この事件で大学側は、18人を大阪市内ビルの薄暗い一室に集め、録音などを禁じた上で、外部委託した講師が「あなたは腐ったミカンなんだよ。あなたのような人がいると組織全体が腐るんだ」「もう要らんと言われたんだよ、あなた」「自分の職業人生の将来そのものに関して駄目出しをされたんですよ」などの人格否定発言を、5日間にわたって繰り返したと言われている。

この研修後、参加した18人の職員のうち9人は、心療内科などでうつ病や不安神経症と診断される状態となった。2017年3月末までに10人が退職したほか、休職に追い込まれた後に解雇された人もいた。外部講師に研修を委託するにあたり、追手門学院は職員が退職もしくは職種変更に応じた場合の成功報酬として、1人あたり100万円を支払う契約だったという。20年2月には研修で退職を強いられた職員のうち3人が、違法な退職強要を受けたとして大学側に地位確認（復職）と損害賠償を求めて提訴。大学側は23年6月までに3人の復職（地位確認）を認諾した。また、裁判進行中には労働基準監督署が3人の精神疾患の原因が研修にあったことを認め、労災を認定してもいる。24年11月に和解が成立したが、追手門学院大学は原告3人の請求を大幅に上回る解決金を支払うことになった。

何ともひどい事例であるが、より恐ろしさを感じるのは、これとほとんど同じような内容の研修の実施を、同じ会社に委託していた大学が、ほかにも多数存在していたということだ。なお、追手門学院大学の川原理事長は弁護士なのだが、驚くべきことに2013年6月、大阪弁護士会から懲戒を受けた前歴もある。同弁護士会が公表している処分理由によると、川原氏は何らかの理由で金銭トラブルに発展した相手に対し、その相手の反論を十分に検討することなく「1週間以内に返金に応じないなら詐欺罪で刑事告訴する」と不当に威圧。さらにその際の書面で、相手から連絡がない場合はその長男に代位弁済を要求すると記したことが、弁護士職務基本規定第11条に違反し、弁護士法第56条第1項に定める弁護士としての品位を失うべき非行に該当すると判断されたようだ。

同志社大学の定年延長拒否事件も、大学当局が不当と思われる理由で教員を排除した問題としてよく知られた例であろう。

同志社大学大学院社会学研究科には、メディアやジャーナリズムの問題を専門的に学ぶ、メディア学科がある。1994年4月、ここに共同通信社の記者として本社社会部、ジャカルタ支局長などを歴任した浅野健一氏が教授として着任。以来2014年3月末までの20年間、新聞学やジャーナリズム論の研究教育に従事しつつ、記者クラブ制度に依存するあまり権力と癒着してしまっている大手メディアや、報道機関への介入をたびたび行ってきたことで知られる安倍晋三政権を、舌鋒鋭く批判する言論活動を行ってきた。ところがその浅野氏が、14年3月に大学を追われた。同志社大学大学院には65歳で定年を迎えても、70歳を限度として定年を1年ごとに更新できる制度があり、健康上の理由や当事者の退職希望といった特段の事情がある場合を除けば、基本的にすべての教授に定年延長を認めてきた。浅野氏もこの制度を利用して定年延長をするつもりでいたのだが、なぜか彼には認められなかったのである。

浅野氏の定年延長が拒否されたのは、社会学研究科メディア学専攻における彼の後輩にあたる同僚教員4人が、その定年延長に反対し、さらにその決定を、人事を決議する大学院の教授会の投票で追認させたからだった。なおこの投票は、それまで前例のなかった無記名投票で行われたうえ、投票前には「1994年4月以降、査読により本学外の学会で認められた論文は1本もない」など、浅野氏に学問的な業績がないことを批判する無記名の文書が各教職員に配布された。しかし、浅野氏はこの間に海外で5編の査読付論文を発表しており、文書で指摘された内容には明らかに事実に反する内容が含まれていた。

前掲『大学崩壊』の著書である田中圭太郎氏は、同書でこの事件についても取り上げ、浅野氏の定年延長拒否が、浅野氏の政治思想を嫌った一部教員たちによる嫌がらせであった可能性を示唆している。浅野氏は自分が定年延長を拒否されたのは「解雇権の濫用」に当たるとして、2017年3月、学校法人同志社と村田晃嗣・元学長（18年からNHK経営委員会委員、19年から防衛省参与などを歴任）を相手どり、損害賠償を求め提訴した。この裁判は最高裁まで争われた末、20年11月に原告・浅野氏の訴えが棄却されて終結した。私は同志社大学商学部の卒業生としてこの事件のことが気になっており、何度か傍聴のため、裁判所に足を運んだ。

しかし、大学におけるハラスメント事件は、このようにニュースとして報道されるのは全体から見ればごく一部でしかない。この何倍もの事例が裁判など公的な争いに至らず、大学という閉ざされた空間に、密封されてしまっている現実がある。私は自分自身が大学を訴えた経験上、そうなってしまっている要因の一つが、裁判を行うことで費やされる時間や労力の点で、一般の教職員と大学では、あまりに差があることにあると感じている。教員に対する不当解雇や、「腐ったミカン」事件のようなネガティブな問題を連続して起こした末、どちらの事件でも事実上の大学側敗訴となった追手門学院大学にしても、被告となった大学首脳陣たちのなかに、裁判後に責任を取って辞職した人はいない。裁判費用も、これから支払われることになるのであろう解決金にしても、大学から支出されるのであって、彼ら個人の懐が傷むわけではない。一方で一般の教職員や学生・保護者が大学を訴えると、それによって膨大な時間と労力が奪われ、資金的にも逼迫する。場合によっては、研究者としてのキャリアに傷を負うこともありえる。裁判を戦うことで課せられる負担、リスクなどに関して、大学との間で圧倒的な非対称性があるのだ。

セクハラ、アカハラ、パワハラなど各種のハラスメントの蔓延に関しては、ハラスメントの相談を受け付ける窓口はともかく、その実態調査のための機関（龍谷大大学でいえばハラスメント問題委員会）がなかなか機能しないことも、無視できない一因である。

２０２０年6月1日にパワハラ防止法が施行されたことにより、企業に対してパワハラ対策のための相談窓口設置が義務化されたが、文部科学省ではそれ以前から各大学に対し、セクシュアル・ハラスメント、アカデミック・ハラスメント、パワー・ハラスメントなど各種のハラスメント被害に対応するための相談窓口の設置を呼びかけてきた。文部科学省が20年度に全国７９５の大学（内訳は国立大学86、公立94、私立６１５）における教育内容などの改革状況を調査し、その結果を報告した資料、「令和2年度の大学における教育内容等の改革状況について」によると、同年度にセクシュアル・ハラスメントやアカデミック・ハラスメント、パワー・ハラスメントを含むハラスメント等防止の取り組みを実施していると答えた大学は、全体で99・7％。「学内の全ての学生及び教職員が相談できる窓口を設置」していると答えた大学も99・2％に達しており、ほぼすべての大学が何らかの取り組みをしている状況となっている。

一方でこの調査において、「ハラスメント等の防止のために必要な全学的な調査・対策の常設機関を設置」（傍点筆者）していると答えた大学は、54・6%にとどまっている。また、「常設の機関は置いていないが、学内で設置が必要と認めた場合に調査委員会等を設置」と解答した大学は44・5%となっており、全体の約半数の大学で、常設のハラスメント対策機関が設けられておらず、事案発生のたびに個別に対応している現状がわかる。

また、一般に企業や団体で発生したハラスメント事案を調査する場合、その企業・団体の顧問弁護士など、もともと利害関係のある専門家ではなく、利害関係のなるべく薄い外部専門家の協力を仰がなくては、透明性が担保できないのは自明である。しかし、現状では大学のハラスメント対応は、それとはほど遠い状況にある。前述の窓口設置にあたり、学外の機関を活用しているかについて聞いた質問項目では、「学内の全ての学生および教職員が相談できる学外機関を活用した窓口を設置」していると答えた大学は、わずか21・5%。以下、「大学の顧問弁護士以外の弁護士事務所と契約し、電話等で相談できる窓口を設置」は3・5%。「民間企業と契約し、相談窓口を設置」は6・8%。「学外のNPO法人と契約し、相談窓口を設置」は0・4%しかない。学内の調査・対象機関に第三者を含める取り組みを行っているかについても、「学内の調査・対象機関に第三者を含める等の取り組みを実施している」は45・2%。「大学の顧問弁護士を調査・対象機関の委員に加えるようにしている」は15・7%。「大学の顧問弁護士以外の弁護士を調査・対象機関の委員に加えるようにしている」は12・6%。「事案に関係のない職員を調査・対策機関の委員に加えるようにしている」は23・6%となっている。これでは公平な調査など、最初から期待できない。

　龍谷大学の場合も、すでに記したように、自学の法学部教授のなかからハラスメント問題委員会の委員長を選任する場合が多かった。こうした人事は、第三者の起用とは言えない。

　とはいえ、公平な調査が行われる環境整備もさることながら、それ以前にハラスメントの被害者が相談しやすい、泣き寝入りをしなくてもすむような体制をつくることは、より重要である。現在の龍谷大学のような、訴えられる人を当事者に限定した制度はあらため、第三者からの告発であっても積極的に受理し、調査する制度にしていくべきだろう。刑事事件では、被害者の告訴がなければ起訴できない親告罪から、被害者の告訴がなくても起訴できる非親告罪に変更するのが、近年の潮流となっている。ストーカー行為は、２００５年にストーカー規制法が施行された当初は親告罪であったが、16年の法改正により、非親告罪に変更された。性犯罪も従来、「強姦罪」という呼び名であった罪が17年7月の刑法改正で、「強制性交等罪」に改称され、この際には罰則の強化などと同時に、非親告罪化された。これらはストーカー行為や性犯罪などの場合、被害者がさまざまな理由から名乗り出られず、結果的に泣き寝入りを強いられているケースがきわめて多いという反省に立ってのことである。私は民間のハラスメント対応機関においても、この発想は必要だと思う。

　もちろん、第三者からの告発・相談を積極的に受理すれば、無実の人を陥れるための制度として悪用されかねない。しかし、そのぶん厳密な調査をすればいい。まずは被害者を泣き寝入りさせないことが、ハラスメント問題では最初の一歩なのだ。

大学の自治とはなにか

ジェンダー論を専門とする社会学者であり、日本を代表するフェミニストのひとりである上野千鶴子氏（東京大学大学院名誉教授）が編者となり、1997年に三省堂から出版された『キャンパス性差別事情　ストップ・ザ・アカハラ』という本がある。同書には、やはり社会学者の江原由美子氏（東京都立大学名誉教授）が「〈アカハラ〉を解決困難にする大学社会の構造体質」という論文を寄稿しており、江原氏はここで、「キャンパス・セクシュアル・ハラスメントや〈アカハラ〉といった問題においては、日本における、一般企業におけるセクハラとはやや違った特質がある」と指摘している。

江原氏がそこで挙げている、大学におけるハラスメントの特質は6つあるのだが、今日起きている問題との関係でとりわけ重要と思われるのは、「大学自治の名における相互不干渉と無関心」、そして「監督の不在と組織の透明性の欠如」という2点だ。一口に「大学自治」とはいうが、その内実は「学部自治」「学科自治」「研究室自治」の単位に細分化されており、これらは互いに干渉し合わないことを不文律としている。しかも「大学自治」のもとでは、教授会のメンバーが雇用者であると同時に意思決定権者であるという、一般企業では考えられない未分化な構造がある。それが仲間内の擁護と、組織防衛に走りやすいというのである。さらに江原氏はこれと関連して、監督の不在と組織の透明性の欠如も問題であるとする。大学における人事は密室的であり、一般企業ならありうる異動も少ない。大学組織の問題性とは、「良識」を持たない成員に対して、「管理能力を欠いている」ことであるというのだ。

この「大学の自治」の問題は、龍谷大学の未ゼミ生問題について述べてきた本書において、これまで何度かキーワードとして登場してきた。龍大経営学部の教授会が、当時の谷教務主任により私物化され、機能不全に陥り、私のゼミ担当の申請を正式な審議にかけることもなく門前払いしたのは、明らかに谷氏による組織の私物化を黙認した大学当局による、不当行為であった。しかし、それにもかかわらず、京都地方裁判所が結果的に「未ゼミ生問題」を放置することを黙認するかのような判決を出してしまったのは、三権の一角である司法権力が教授会の運営についての判断を下すことを、「大学の自治」への介入になりかねないという判断が働いていたからだと考えられる。しかし、「大学の自治」がなぜそこまで尊重されるのか。その根本的な理由をあらためて考えれば、それは大学が対国家権力との関係において、その介入を許すことで自由な研究が妨げられる事態があってはならないからにほかならない。

大日本帝国憲法には、学問の自由を保障する規定が存在しなかった。それゆえ、戦前の日本では学者たちの行った研究、唱えた学説に対して、しばしば国家による弾圧が加えられた。戦前に起きた代表的な弾圧事件の一つが、１９３３年の瀧川事件（京大事件）である。この事件では、京都帝国大学教授・瀧川幸辰の著書『刑法読本』や、中央大学での講演で話した内容が無政府主義的であるとして糾弾され、当時の法務大臣・鳩山一郎の権限で瀧川は罷免された。京大の教授と学生たちは、大学の自治と研究の自由を主張して組織的な反対運動を展開したが、彼らの運動は警察や大学当局の弾圧により、あっという間に瓦解してしまった。

1935年2月の天皇機関説事件も、国家権力が学者の研究の自由を侵害した最も有名な例の一つである。戦前の憲法学者で、大正デモクラシーの代表的な理論家であった美濃部達吉は、大日本帝国憲法をドイツの法学者イェリネックが唱えた国家法人論をもとに解釈し、統治権は法人としての国家にあり、君主である天皇は、内閣などの輔弼を受けながら統治を行う最高機関なのだとする天皇機関説を主張した。しかし、この学説は天皇を主権者とみなす右翼勢力にとっては許容しがたいものであった。美濃部は国会で糾弾され、不敬罪で告発されて著書が発禁に追い込まれたほか、美濃部自身も貴族院議員を辞職する羽目になった。

このような、学者に対する弾圧が絶えず行われてきた反省に立ち、戦後制定された日本国憲法では、「学問の自由はこれを保障する」という第23条の規程が、あえて盛り込まれた。なぜ「あえて」なのかといえば、イギリスやアメリカ、フランスなどでは、表現の自由が保障される結果として、当然に学問の自由も保障されると考えられているため、学問の自由に関する条項が存在しないからである。

なお「学問の自由」が具体的にどういった行為をする自由なのかというと、通説では以下の4つが想定されている。①「学問研究の自由」、研究するテーマ、対象を研究者自身が決められる自由。ただし近年では、明らかに反倫理的な生体実験やクローン技術にかかわる研究、そのほか人類の将来に危険を及ぼすおそれのある研究については公共の福祉との秤にかけて一定の規制を受けることもありえる②「研究発表の自由」、研究は発表してこそ意味を持つものなので、①の「学問研究の自由」があるならば当然これを発表する自由もあると解される③「教授の自由」、大学の教員が自分の研究内容を学生たちに教えるにあたり、その内容や方法を決める自由（私が大学を訴えたのは、彼らにより私のこの自由を侵害されたからであった）。そして、学問の研究と教授は主に大学で行われてきたがゆえに④「大学の自治」も、憲法23条が保障する「学問の自由」の一つであると考えられている。

このように、「大学の自治」とは、具体的には大学で研究活動を行う研究者たちが、その大学の教員人事や研究・教育内容などを、国のほか大学設置者や資金提供者の干渉を受けることなく自分たち自身で決定し、施設の管理や学生の管理についても自主的に行っていくということを意味している。

私が龍谷大学を訴えた裁判では、教職員が研究活動や教育の質的管理などについて話し合う教授会の運営において、当時の学部長や教務主任たちに、「裁量権の濫用・逸脱」があったか否かが争点となり、大学側はこれを否定した。そしてその根拠として彼らが振りかざしたのが、「大学の自治」であった。「大学の自治」が、憲法の定める基本的人権のひとつである「学問の自由」をもとに発展した概念である以上、今日の裁判所がその解釈に踏み込むことにどうしても及び腰になるのは、ある意味では仕方ないことである。しかし、大学の自治については１９９０年代以降、大学を取り巻く環境が大いに変化したこともあり、従来の対国家権力との関係だけで考えていていいのかという議論が、近年憲法学者の間で勃発している。

大学をめぐる環境を激変させた最初のきっかけは、第2章でも触れた「大学設置基準の大綱化」であった。１９９１年に旧文部省の主導のもと行われたこの「大綱化」によって国が目指していたのは、大学制度を弾力化・柔軟化することで各大学に競争をうながし、日本各地に個性と多様性をもつ大学を増やすことだった。その狙い自体が、ただちに否定されるわけではない。しかし、国がこの流れを加速するため、教授会の権限を弱めるとともに、学長を中心とする大学執行部の権限を強化する方向での改革を推し進めたことは、各所にゆがみを生じさせた。特に国立大学に関しては、２００４年に日本各地の国立大学が法人化されたことにより、それまでは学内で行われていた学長の選出は、学外の企業経営者なども含む十数人程度の「学長選出会議」の決定にゆだねられるようになった。教職員の投票は引き続き行われたものの、単に教職員の意向を調べる「アンケート調査」以上のものではなくなり、現実に20年度に東京大学や筑波大学で行われた学長選挙では、教職員の意向投票の結果とはまったく反する候補者が「学長選考会議」により、学長に選出される例も起きている。

さらに２０１５年には学校教育法が改定され、国立大学に限らず、ほかの公立大学や私立大学のあり方を根本から変える改革もなされた。それまでの学校教育法には、「大学には、重要な事項を審議するため、教授会を置かなければならない」(93条)という規定があったのに対して、改定法での教授会の位置づけは、「学長がつかさどる教育研究に関する事項を審議し、学長の求めに応じて意見を述べる機関」へと格下げされたのである。教授会の権限縮小は、必然的に学長や副学長の権限を大幅に強化することにつながり、その結果として一部の大学では、学長の独断専行に対して教職員が歯止めをかけられない、「学長の暴走」と呼んでも差し支えない事例も起きるようになっている。追手門大学で起きた事務職員に対するパワハラ退職強要も、その一例だろう。

龍谷大学の場合は学長が暴走したわけではなく、むしろ学長は未ゼミ生問題のような深刻な問題が起きているにもかかわらず不作為を続けたというパターンなので、一見正反対に見えるかもしれない。しかし、経営学部の教授会を谷氏のような人物があっさり牛耳り、機能不全に陥らせてしまうようなことは、以前のように教授会に明確な役割と位置づけが与えられていれば、考えられないことであった。その意味では未ゼミ生問題も、国による大学改革推進の結果として起きた問題だと言えるのである。

国による大学改革が進められた結果、対国家権力を念頭に置いた「大学の自治」論では、現実に対応できなくなっていると説く憲法学上の学説が現れている。成城大学法学部の松田浩教授は、2003年の論文「『大学の自律』と『教授会の自治』」で、アメリカでの議論を下敷きにしながら、「大学の自律」と「教員団の自律」はまったく別の概念であり、「大学の自律」を保障することは、必ずしも「教員団の自律」を保障することにはつながらず、場合によってはその侵害につながることもあると指摘した。その上で松田氏は、「個々の教員の研究教育能力を精確に判定し、専門的適格性を正当に評価できるものは、ディシプリン的結社以外にはありえない」ことを根拠に、学問の自由を保障する上で優先されるべきは「大学の自律」ではなく、「教員団の自律」であると結論している。

また北海道大学の常本照樹名誉教授は、2006年に著した論文「大学の自治と学問の自由の現代的課題」の中で、憲法23条（「学問の自由は、これを保障する」）に関するこれまでの通説的見解は、「学問の自由」をもっぱら①「教員―国」や②「大学―国」といった関係の中でのみとらえ、教員や大学が国家の介入に対抗するための規定と想定する一方、③「教員―大学管理機関」や④「教授会―学長」といった、「大学内部の権力関係」には無頓着であったことを指摘した。

松田氏や常本氏らによるこうした指摘を踏まえて、埼玉大学大学院准教授の栗島智明氏は、2020年の論文「大学の自治・学問の自由」の中で、「従来の憲法学において『大学の自治』を論じる際には、それが（同僚制原理を前提とした）『教授会自治』と『順接』するものと考えられてきた」が、「近時の大学改革によってこの順接関係は自明のものではなくなっており、（ア）〈国―大学の関係における自治〉と（イ）〈大学執行部―教員団の関係における自治〉を区別する必要が生じてきた」と整理している。ようするに、大学内部の権力関係を考慮しない旧来型の「大学の自治」観にもとづいて大学の管理機構にフリーハンドを与えてしまえば、大学の管理機構やそれに連なる学内の一部の権力者が、ほかの教員や学生たちの学問の自由を侵害することも現実にありえるということである。

先ほどから紹介している田中圭太郎氏の『ルポ　大学崩壊』が世に出る20年前の２０００年、スペイン史学者の川成洋氏（法政大学名誉教授）が、非常によく似たタイトルで、その時点における日本の大学の腐敗した状況を論じた『大学崩壊！』（宝島新書）という本を発表している。ここで川成氏は「大学の自治」について以下のように述べている。

「自治」と言えば聞こえがいいが、これが忌まわしい「日本的タコツボ社会」ないし「日本的村社会」に変貌してしまっている場合があり、学科であれ、研究室であれ、教授会であれ、全て「自治」といった高い壁で守られていることから、外部からは推察するより方法のない、「現代の秘境」である。

つまり20年前の時点で「大学の自治」は、この概念が悪い意味での「聖域」化することで、日本のアカデミズムの悪弊を助長する一面がすでに指摘されていたのである。そして20年以上が過ぎた今、その度合いはさらに深まっている。

一審での敗訴を経て私は、龍谷大学経営学部教授会で起きていたのは自治組織の崩壊であり、その自治崩壊した組織が伝家の宝刀としての「大学の自治」を振りかざして。学生や教員の学問の自由を脅かすという倒錯的な事態が展開されていたことを、裁判官に理解してもらう必要があると痛感した。そして二審ではその考えに基づき、龍谷大学政策学部教授で憲法学者である奥野恒久氏に、高裁に提出する意見書を作成してほしいとお願いした。

奥野氏とは2015年に組合活動で知り合って以来の間柄で、彼が組合委員長を務めた際の副委員長が、私であった。奥野氏は私と同じ龍谷大学の教養科目教員ではあるが、政策学部は法学部から独立したような学部でもあるだけに、龍谷大学のなかでは比較的新しい気風があり、女性教員も多い。その奥野教授は、意見書のなかで先に紹介した最新の学説を踏まえつつ、学生の権利にウエイトを置いたシンプルな議論を展開してくれた。

奥野氏によれば、従来「大学の自治」と「教授会自治」とは「順接」するものと考えられていたが、先に紹介した国主導の一連の「大学改革」によってこの順接関係はもはや自明のものではなくなり、「国—大学の関係における自治」と「大学執行部—教員団の関係における自治」とを区分する必要が生じている。教授会自治は、教授会それ自体が「人権侵害、とりわけ学生の人権を侵害」するような組織運営がなされた場合は、その教授会に与えられている「裁量権を逸脱・濫用するものといわざるをえない」。これは一見パラレルなようだが、誰にもわかりやすい論理である。裁判官にもわからないはずはない。

今日の大学において、大学の管理機構に対する無条件の聖域化は、本当の意味で「学問の自由」を守る上ではむしろ有害となる。大学の管理機構が暴走し、学問の自由にとっての敵となるのであれば、外部からの厳しい批判にさらされることはもちろん、場合によっては司法が取り締まりの対象とする必要もあるだろう。日ごろ「教育の質的保障」を強調する文部科学省にも、「大学の自治」のあり方がこのままでいいのか検討してもらいたい。その教育の質的保障は、個々の大学当局に何もかも丸投げする現在の体制では、実現できない。実現のためには、客観的かつ公平な人事評価制度を責任をもって企画し、導入する必要があるだろう。

おわりに

本書で詳しく述べたように、私が龍谷大学に対して起こした裁判は、「ゼミを担当して学生たちを救済したい」と要望したにもかかわらず、当時の学部執行部が正規の手続きを踏まないまま私にどうしても担当させない方向に誘導し、そして実際、最後まで担当させなかった行為の違法性を問題にしたものである。しかし、弁護団からは当初より、「この裁判は難しい戦いになる」と聞かされていた。裁判は実際にその通りの経過をたどり、すでに述べたとおり、私は敗訴した。

私としては、たとえ負け戦になろうとも裁判を通じ、龍谷大学の暗部に社会的な関心を集め、そのことを通じて学生たちの学ぶ権利が保障される体制を、学内に取り戻したいという思いがあった。そしてそれと同時に、教授会を正常化させ、数人の教員の横暴を制御する、健全なガバナンスや体制をも取り戻したいと考えていた。

しかし裁判での主張は、どうしても私個人に対する権利侵害がいかにして行われたか、という部分の話に偏ってしまい、最大の被害者である学生たちが受けた苦悩については、主張しきれなかった。本書の刊行を決意したのは、その部分について世の中に知ってもらいたかったからである。

本書にも書いたが、実は大学という空間において近年、学長など一部の人間が大学を私物化するケースが、龍谷大学に限らず多発している。特に私が龍谷大学に着任した１９９６年ごろを境に、日本社会は大きく変貌した。日本の大学を取り巻く環境もまた激変し、悪い方向に向かっていった。

国立大学が法人化され、公立大学の法人化も加速するなか、私立大学でも「改革」という旗が振られながら、何かが少しずつ壊れていった。企業の経営方式をいびつな形で模倣する専制主義的なやり方がまかりとおり、大学の権力者にたてつくものは排除され、最悪の場合は解雇されるという事例が相次いでいる。これを、「特殊な性質を持つ個人が引き起こした、属人的な問題」として片付けてしまっては、負の連鎖は繰り返されるだけである。大学のガバナンス崩壊は、私も含めて大学にかかわる人すべてに責任がある。大学という組織の構造的な欠陥に、メスを入れなければならない。

この大きなテーマに立ち向かう上で参考にしたい歴史が、アメリカにはある。かつて私が訪ねた米ニュージャージー州・プリンストン大学には、学生食堂の壁に、ある一枚の写真が大きく掲げられていた。それは、アジア系を含むさまざまな人種の学生たちが、「私たちのカリキュラムに多様性を」「エスニックスタディーズを」などの言葉をプラカードに掲げて、デモ行進をしている写真である。１９９０年代のアメリカでは、黒人やアジア系、ヒスパニック系などの人種的マイノリティが民族の歴史を体系的に研究し、「自分たちは何者なのか」を学ぶエスニックスタディーズ（民族研究）の必要性が叫ばれるようになった。こうしたなか、プリンストン大学でもマイノリティの学生たちを中心としたエスニックスタディーズのカリキュラム化を求める学生運動が起こり、95年4月20日から21日にかけて、アジア系の9人（中国系6人、韓国系3人）を中心とする17人の学生が、エスニックスタディーズの常設クラス設置を求め、学長室に36時間座り込むという事件が起きた。

この事件は、大学側がこれらの分野の常勤教員のポストを確保することを学生たちに確約して収束し、実際に同年秋から毎学期、ほぼ1つのエイジアンアメリカン研究のクラスが客員教授などにより、開講されるようになった。しかし、学生側は大学側の約束を履行させるための運動を、その後も続けたと言われている。前述の写真は、その運動の模様を撮影したものだった。そして、学生食堂に掲示されていた写真には、これ以外にも女子学生に対する構造的差別の撤廃を訴えるデモの模様を写したものもあった。プリンストン大学は、自分たちの権利確立のために戦った学生たちの姿を自学の歴史の重要な一コマとして記録し、誇りとさえしていることがわかった。

私はこの写真の真ん中に移っているアジア系の女子学生が、龍谷大学の署名運動のリーダーとして活躍した、市川ゆかりさんに似ていると思った。私は、市川さんたちが起こした運動は、龍谷大学の歴史に、誇るべき一ページとして刻まれるべきことであり、同時に自信を失いつつある日本社会全体のなかで見ても、まばゆい輝きを放っていたと今でも確信している。

同志社大学での就職活動中に差別を経験し、日本社会に見切りをつけ、アメリカに移民覚悟で留学した私ではあるが、アメリカでの経験から、「不合理に閉ざされるドアは開かなくてはいけない」という考えを、大切にするようになった。加えて、税制度の不合理を訴えて日本政府を相手に戦ったゼミの恩師・大島正氏からは、「大学とは批判的精神を養うための訓練の場なのだ」と教わった。学生によるカリキュラム是正運動を誇るべき歴史とし、学生食堂にその歴史資料を展示し、教育のなかに組み込んでいるプリンストン大学にならい、龍谷大学にもいつかは、署名運動を展開した学生たちを公式に称えてほしいものだ。

本書の執筆にあたっては、数えきれないほどの方々にお世話になった。すべての方のお名前を挙げるのは不可能だが、特に今回の出版企画が立ち上がった当初から編集の労を取ってくださった、古川琢也氏に感謝を述べたい。そして、支援団体の「大学オンブズマン・龍谷大学経営学部李洙任先生を支援する全国連絡会」の支援者と賛同者、そして事務局員を担ってくださった重本直利氏と細川孝氏、裁判所に陳述書を提出してくださった正木義人氏（仮名）と川端基夫氏、中山淳子氏、追手門学院大学を相手どって8年の闘争を繰り広げられた田中耕二郎氏と、京都新聞に市民の声として意見投稿してくださった三宅正伸氏にも同じく感謝申し上げる。また、龍谷大学の女性差別と教養科目担当教員の平等性を主張されていた新田光子氏には、精神面で多大なご支援をいただいた。

右に挙げた方々以外にも、少なくない龍谷大学の現役教職員からご支援をいただいた。しかし、名前を出すと迷惑がかかる懸念もあり、そうした方々の名前はあえてここには記載しないこととする。

弁護団では、当初からこの問題に取り組んでくださった上瀧浩子氏、仲晃生氏のほか、京都地方裁判所での一審および大阪高裁での二審で弁護団に加わってくださった、塩見卓也氏と中村和雄氏、最高裁から加わってくださった元裁判官の森野俊彦氏の全員に、お礼を申し上げたい。最高裁判所に提出した文書は、「学問の自由」と「大学自治」、そしてとりわけ重要な「学ぶ権利」について、日本国憲法の基本的人権に沿って書かれた名文である。この文書の基盤となる意見書を執筆し、大阪高裁に提出してくださった、奥野恒久氏にもこの場を借りて感謝を申し上げたい。

本書は、龍谷大学において未ゼミ生問題が起こるに至った背景としての問題を顕在化することに焦点を置いたものだが、最高裁判所の判決が下された今は、大学の質的保障に関してより考えを掘り下げるための、新たな本を手がけたいと考えている。言っても無駄かもしれないが、問題を深刻化させた人たちに心から反省していただき、メンツや名誉を捨てて、大学全体が学生の学ぶ権利を担保できるような職場環境をつくっていただきたい。

また、龍谷大学の現役生をはじめとする学生たちの側にも、かつて不当な権利侵害に対して、先輩たちが勇気をもって立ち上がったという事実を、龍谷大学の誇るべき歴史の一部として語り継いでもらいたい。その上で、彼ら自身が今後の人生で何らかの不当な扱いを受けた際に、「どうせ何を言っても無駄」という安易なスタンスに逃げるのではなく、できれば戦う側に回ってほしいと願っている。

世の中には、実にいろいろなタイプの人がいる。しかし、斜に構えることなく理想を掲げ、信念をもって正々堂々と主張すれば、理解し、応援してくれる人たちは意外なほどたくさんいる。これは、私自身が大学当局との戦いを通じ、学んだことでもある。本書を通して、多くの日本の大学が襟を正すような、波を起こすことができれば本望である。

朝日新聞がデジタル版ではあったが、この問題の最高裁の判断を記事にした。その記事のなかに、「ゼミに入りたいと希望した学生たちは全員ゼミに入れた」という趣旨の、大学側のコメントが書かれてあった。しかし、これは事実に反する。また、この記事はヤフーニュースにも転載されたが、「朝鮮人が日本の大学で働くとこうなる」というような、ヘイトにあふれたコメントが多々あった。しかし同時に、「この教員は学生救済のために戦ったということは少し調べればわかるでしょう」というコメントもあった。日本社会も、まだまだ捨てたものではないと思った。

２０２４年11月

李《リー》洙《スー》任《イム》

李　洙任（りー・すーいむ）
1953年生まれ。大阪出身のコリア系日本人。同志社大学商学部卒、米テンプル大学で教育学博士号取得。96年に龍谷大学助教授となり、教授を経て現在名誉教授。また米ハーバード大学ビジティング・スカラー、同スタンフォード大学ビジティング・フェローなどを歴任。TOEICの運営元である独立系非営利財団教育試験サービス（ETS）によりグローバル・スカラーに、また公益財団法人国際文化会館と独立行政法人国際交流基金との共同事業国際交流基金によりアジア・リーダーシップ・フェロー・プログラムの日本フェローに選出された。主な著書は『奪われた在日コリアンの日本国籍　日本の移民政策を考える』（明石書店）、『安重根と東洋平和　東アジアの歴史をめぐる越境的対話』（共編著、明石書店）など。

大学が壊す若者の未来

2024年12月25日　第1刷発行

著　者　李洙任
発行者　小川寛大
ＤＴＰ　松崎琢也
発行所　合同会社宗教問題
〒134-0084
東京都江戸川区東葛西5-13-1-713
TEL：03(3869)4770　FAX：03(6685)2612
印刷所　モリモト印刷株式会社

ISBN978-4-910357-20-1

宗教問題の本

堀　雅昭著

靖国神社とは何だったのか

1、200円

靖国神社初代宮司・青山清の伝記を軸に、これまで語られてこなかった靖国創建秘史を、その青山の子孫が書き尽くす。吉田松陰や高杉晋作とも親交のあった、長州の志士にして神道家・青山は、いかにして「人を神とする神社」をつくりあげ、国家神道の礎石をも打ち立てたのか。長州精神史の真実が、いま明らかに。

小野耕資著

読んでおきたい日本の「宗教書」

——日本人の生き方を考える12冊

1、100円

信じる力を取り戻せ！　生きづらい現代日本社会のなかで、〝信じる力〟が君に力を与えてくれる。古事記や日本書紀から、親鸞、西郷隆盛、そして内村鑑三や三島由紀夫まで、〝信じる力〟に対峙し続けた日本人たちが現代に語りかけてくる、あなたの生き方を問う珠玉のブック・ガイド。

鈴木貫太郎著

ルポ　日本の土葬

——99・97％の遺体が火葬されるこの国の0・03％の世界

1、300円

亡くなった遺体の99・97％が火葬される日本。しかし、その日本にも「土葬」を求める人々がいる。2020年に大分県で起きた、土葬墓地建設を目指すイスラム教徒と地域住民の対立をきっかけに、移民、伝統的神葬祭、そして新しい形の葬送を求める人々など、0・03％の人々の世界を追った。

（価格は税別）